Matthias Christian Sprengel

Auswahl der besten ausländischen geographischen und statistischen Nachrichten

zur Aufklärung der Völker und Länderkunde. Achter Band

Matthias Christian Sprengel

Auswahl der besten ausländischen geographischen und statistischen Nachrichten zur Aufklärung der Völker und Länderkunde. Achter Band

ISBN/EAN: 9783743623323

Hergestellt in Europa, USA, Kanada, Australien, Japan

Cover: Foto ©Suzi / pixelio.de

Weitere Bücher finden Sie auf **www.hansebooks.com**

Auswahl

der
besten ausländischen
geographischen und statistischen
Nachrichten
zur Aufklärung
der

Völker-
und
Länderkunde

———

von
M. C. Sprengel.

Achter Band.

Halle,
in der Rengerschen Buchhandlung
1797.

Vorrede.

Der Verfasser dieser Beschreibung von Suriname, war Lieutenant in der schottischen Brigade, die bis 1783. zu der holländischen Landsarmee gehörte, damals aber aufgehoben ward, worauf die Officiere größtentheils, Engländer und Schotten, in ihr Vaterland heimkehrten.

Wie früher 1772 wegen des Negeraufstandes, den die surinamischen Truppen zu unterbrücken zu schwach waren, die westindische Gesellschaft ein starkes Corps herüber senden muste, trat der Verfasser in ihre Dienste, blieb fünf Jahre in dieser Colonie, und hatte das Glück, seine meisten Cameraden zu überleben, die ein Raub des ungesunden Clima, und der schrecklichen Strapazen in den surinamischen Wildnissen wurden. Herr Stedmann hat seine Bemerkungen über die holländische Pflanzstadt Suriname 1796 zu London in zwey Quartbänden, unter dem Titel: Narrative of a five Years expedition againſt the revolted Negroes

groes of Suriname in Guiana on the wild Coaſt of South america from the Year 1772. to 1777 drucken laſſen, und die hier beſchriebene Gegenſtände durch achtzig Kupferſtiche erläutert. Dieſe vertheuern das Werk ungemein, ohne allemahl den Leſer zu unterrichten, und viele, welche nur die grauſamen Behandlungen der Neger vorſtellen, kann man nicht ohne Abſcheu betrachten. Eigentlich liefert der Verfaſſer ein getreues Tagebuch ſeiner in Surinam erlittenen Mühſeligkeiten, Beſchwerden und mit unter genoſſenen Freuden, darin bemerkt er, was ihm bald hier bald dort als neu und unbekannt aufſtieß, die Sitten und Le-

bens-

bensart der Einwohner, die Behandlung, ihrer Negerſclaven, die Feldzüge gegen die Rebellen, die Naturproducte der Colonie und andre Merkwürdigkeiten. Da der Verfaſſer zeichnen konnte, verweilt er vorzüglich bey den dort gefundenen Producten des Pflanzen- und Thierreichs. Da er aber kein Naturkundiger war, ſeine Beſchreibung aus andern entlehnt, auch häufig in der Beſchreibung das wichtigſte überſehen hat, ſind dieſe Nachrichten bald abgekürzt, bald weggelaſſen worden. Das Tagebuch iſt außerdem mit vielen geringfügigen Vorfällen überladen, auch dieſe hat der Ueberſetzer nicht aufgenommen, oder wenn es geſchehen,

hen, nur des Zusammenhanges wegen verdeutscht. Von der grausamen Behandlung der Negersklaven war der Verfasser zu oft Zeuge, als daß er diese Greuel verschweigen konnte. Für gefühlvolle Leser hat er vielleicht dergleichen schreckliche Scenen zu stark ausgemahlt und zu oft wiederholt; allein, wenn wir den Prediger Ramsay von St. Kitts ausnehmen, hat keiner die Leiden dieser unglücklichen Menschenclasse auf den Plantagen, und was sie von fühllosen Herren und deren brutalen Aufsehern erdulden müssen, mannigfaltiger dargestellt, als Herr Stedmann. Seine Züge durch die surinamischen Wildnisse geben ebenfalls

falls interessante Aufschlüsse über die Gefahren der Europäer in diesem heissen Lande, zumal wenn für ihre Pflege und Unterhalt so wenig gesorgt wird, als der Oberste Fourgeoud für seine Untergebnen sorgte. Im folgenden Bande dieser Auswahl werden die übrigen Abschnitte dieses Tagebuchs, welche wegen Herannäherung der Messe hier nicht mitgetheilt werden konnten, gewiß erfolgen.

I.
Stedmans
Nachrichten von Suriname,
und dem
letzten Krieg der Einwohner
mit ihren
rebellischen Negersclaven
in den
Jahren 1772. bis 1777.

Erstes Kapitel.

Die Untersuchung fremder Länder ist seit mehreren Jahren, und hauptsächlich seit den unvergeßlichen Reisen des unsterblichen Cook, ein so allgemein interessanter Gegenstand für alle Stände geworden, daß man es mir hoffentlich verzeihen wird, wenn ich es wage, einige Bemerkungen, welche ich in einem ziemlich unbekannten Theile des Erdbodens zu machen Gelegenheit hatte, dem Publikum vorzulegen. Die Niederlassung Suriname im holländischen Guiana ist zwar schon seit vielen Jahren in Europa bekannt; aber die häufigen Ueberschwemmungen, und die undurchdringlichen Wälder haben bisher allen Erforschungen des innern Landes so unübersteigliche Hindernisse entgegen gestellt, daß man nur sehr wenige zuverläßige Nachrichten von dem Zustande desselben erhalten hat. Dieses Werk wird daher hauptsächlich solche Bemerkungen enthalten, als meine fünfjährigen Züge in das Innere des Landes mir zu machen erlaubten.

Jetzt muß ich mit einigen Worten die Veranlassung zu dieser Reise erwähnen.

Alle Gegenden des Erdbodens, wo das System der Sclaverey eingeführt ist, sind mehr oder minder unruhigen Auftritten und Empörungen ausgesetzt, vornehmlich wo die Sclaven die gröſsere Anzahl der Einwohner ausmachen. Suriname aber ist in diesem Punct vorzüglich unglücklich gewesen; es sey nun, weil die undurchdringlichen Wälder, die den gröſten Theil des Landes bedecken, den Flüchtlingen einen so sicheren Aufenthalt darbieten, oder weil in der Regierung dieser Colonie irgend ein wesentlicher Fehler statt findet. Soviel ist gewiß, daß die europäischen Ansiedler unaufhörlich den gewaltsamsten Verheerungen, und den schrecklichsten Mißhandlungen ausgesetzt sind. Diese wiederholten Unruhen erforderten endlich die muthigsten Maaßregeln zu Wiederherstellung des allgemeinen Friedens; und als im Jahr 1772 Nachrichten in Holland eingiengen, daß eine sehr beträchtliche Anzahl flüchtiger Sclaven sich in den Wäldern versammelt habe, und der Colonie sehr furchtbar würde, beschlossen die Generalstaaten der vereinigten Provinzen, eine ansehnliche Landmacht auszuschicken, die Insurgenten zu bekriegen, und wo möglich den Aufruhr zu dämpfen.

Mein ganzer Ehrgeiz und Wunsch war von jeher gewesen, mein Leben dem brittischen Seedienst

dienst zu widmen: da aber die Aussichten auf Beförderung in Friedenszeiten sehr geringe waren, und ich ohnehin mein väterliches Erbgut gleich nach der Geburt durch Unglücksfälle verlohren hatte, gab ich die Hofnung auf, in diesem Dienst mein Leben zu beschließen, und nahm ein Fähnrichspatent an, welches mir in einem Regimente der schottischen Brigade in holländischen Diensten angetragen wurde.

Damals, als der Aufruhr ausbrach, war ich Lieutenant in des General Stuarts Regiment. Eine angebohrne Neigung zu Seereisen, und der Wunsch, unbekannte Gegenden zu untersuchen, vielleicht auch die heimliche Hofnung, mich in einem so gefährlichen Unternehmen auszuzeichnen, bewogen mich, um die Aufnahme in ein Corps Freywilliger anzuhalten, welches man eben damals nach Guiana einschiffen wollte. Mein Ansuchen ward gewährt, und der Prinz Statthalter hatte die Gnade, mir ein Capitainspatent unter dem Obersten Ludwig Heinrich Fourgeoud, einem Schweizer und Oberbefehlshaber der ganzen Expedition, ausfertigen zu lassen.

Nachdem ich den 12ten November bey dem neuen Corps den Eid der Treue geleistet, und einige Anstalten zu meiner bevorstehenden Reise gemacht hatte, nahm ich von meinem alten Regiment Abschied, und segelte nach dem Texel, wo schon einige Officiere sich versammelt hatten.

Die

Die Insel Vieringen war der allgemeine Versammlungsort. Hier wurden auch die sämmtlichen Volontairs den 7ten December bey der Ankunft des Obersten Fourgeoud zusammengebracht. Ihre Anzahl belief sich auf fünfhundert Mann, lauter schöne junge Leute. Früh, den 8ten, wurden sie in sieben Compagnien eingetheilt, und daraus ein Regiment Seesoldaten formirt. Außer den Kriegsschiffen, Westellingwerf und Boreas, wurden drey neue auf Fregattenart gebaute, und mit zehn bis sechzehn Canonen bewaffnete Transportschiffe ausgerüstet. Den Nachmittag schifften wir uns unter einer allgemeinen Salve des Geschützes auf diesen Fahrzeugen ein, übernahmen das Commando, und thaten Dienste, wie auf der Flotte.

Unsre Abreise folgte indeß nicht unmittelbar auf unsre Einschiffung. Widrige Winde hielten uns viele Tage in Texel zurück, und während dieser Zeit bekam einer von unsern jungen Officieren unglücklicherweise die Blattern. Damit die Ansteckung nicht überhand nehmen mögte, ward er sogleich an Land beordert, und ich brachte ihn in einer Pinasse dahin; bey meiner Zurückkunft erklärte der Chirurgus: er bemerke die Symptomen eben dieser Krankheit auch bey mir, und ich muste mir gefallen lassen, mich nach der Insel Texel zu begeben. Nach einer langweiligen Quarantaine an diesem Ort, war ich

den-

dennoch so glücklich, ohne Ansteckung davon zu kommen, und erschien, zu grossem Erstaunen des Wundarztes, am Bord, gerade als das Signal zum Absegeln der Flotte gegeben ward.

Wir lichteten die Anker gerade am Weihnachtstage, und segelten bey dem schönsten, heitersten Himmel, in Gesellschaft von mehr als hundert Fahrzeugen, die nach allen Weltgegenden bestimmt waren, aus dem Hafen. Wir schifften längst dem Canal, und passirten bald das südlichste Vorgebirge von England, die Insel Wight, und Portland Spitze. Hier aber bekam der Westellingwerf einen Leck, und muste in Plymouth einlaufen, um den Schaden auszubessern.

So wie wir uns der Bay von Biscaya näherten, verstärkte sich der Wind, und der Steuermann zeigte mir eine Art von Meerschwalbe, die, wie man sagte, einen nahen Sturm verkündigen soll, und deshalb ein Sturmvogel genannt wird.

Den 2ten Januar bestätigte sich die Prophezeihung des Sturmvogels. Aus N. N. O. erhob sich ein heftiger Wind, welcher auf der Höhe des Cap Finisterre, den Boreas und Vigilance von uns trennte.

Den 4ten früh erblickten wir unter dem Winde ein ansehnliches Schiff, welches gerade auf uns zusegelte, und da wir vermutheten, es könnte ein Seeräuber von Algier seyn, setzten wir
uns

uns in Bereitschaft, es gehörig zu empfangen, falls wir angegriffen würden; es zeigte sich indessen bald, daß es unser Compagnon, der Boreas, war, den der Sturm von uns getrennt hatte. Von dieser Zeit an wurde die Mannschaft täglich geübt, die Canonen abzufeuern, und nach einem Ziel zu schießen.

Den 14ten paßirten wir den Wendezirkel, und nachdem wir in die Gegend gekommen waren, wo die Paßatwinde wehen, ward das Wetter von einem Tage zum andern gelinder, und die Reise in eben dem Maaße angenehmer, wozu die Menge der Delphine oder Doraden, die um das Schiff herum scherzten, und ihre blendenden Farben im Sonnenglanze spiegelten, nicht wenig beytrugen. Auch stellten sich fliegende Fische in Menge ein, und überall schiffte auf der Oberfläche der Wellen der Nantilus mit seinen ausgespannten Segeln, den die Matrosen ein portugiesisches Kriegsschiff zu nennen pflegten.

Die angenehme Witterung benutzte ich, der dunstigen Cajüte zu entfliehen, und brachte meine Zeit entweder mit Lesen auf dem Verdeck, oder Arbeiten im Tauwerk und in den Segeln zu, um mir Kenntnisse und Uebung in diesen Geschäften zu verschaffen. Bey dieser Gelegenheit hatte ich das Unglück, als ich eben ein Segel eintreffte, mein ganzes Bund Schlüssel zu verlieren, die mir aus der Tasche, und gerade ins

Meer

Meer fielen. Ich würde diesen geringfügigen Umstand nicht erwähnt haben, wenn er nicht dadurch für mich wichtig geworden wäre, daß er mich hinderte, meinem kleinen Vorrath von Erfrischungen beyzukommen, welche mir sehr erwünscht waren, indem wir alle, die Officiere nicht ausgenommen, nur Pöckelfleisch und Erbsen zu essen bekamen. Unser Chef reichte uns diese Kost in der doppelten Absicht, theils um uns an die Speise zu gewöhnen, die wir einzig und allein in den Wäldern von Suriname zu erwarten hätten, theils um seine dortigen Freunde mit europäischen Leckereyen, als lebendiger Schaafen, Schweinen, Hühnern und Enten, Schinken, Rindszungen, eingemachtem Gemüse und Früchten, Gewürzen u. s. w. zu erfreuen; welche Dinge die Stadt Amsterdam im Ueberfluß angeschaft hatte. Gute Absichten werden indeß nicht immer belohnt; denn die Würmer machten sich an die aufgesparten Vorräthe, und verzehrten den grösten Theil derselben, wofür sie auch zur wohlverdienten Strafe zusammen mit ihrer Beute über Bord geworfen wurden. Noch muß ich hinzusetzen, daß man uns unsre Speisen, und zwar nur einmal des Tages, in kleinen hölzernen Näpfen auftrug, die nicht gar zu sauber unterhalten wurden; diese Vernachläßigung will ich jedoch nicht sowohl dem Obersten, als seinem französischen Kammerdiener, Herrn Laurent, zurechnen.

Es

Es dauerte nicht lange, so entstanden aus dieser Lebensart der Scharbock und andre ekelhafte Krankheiten, und Mißmuth und Trübsinn stellten sich bey allen ein, während ich allein laut klagte, welches mir auch den Unwillen des Obersten zuzog, von dem ich in der Folge der Expedition die unzweydeutigsten Beweise erhielt.

Gegen das Ende der Reise fand ich, daß meine Lebensgeister sich zu vermindern anfiengen, und daß ich ein allgemeines Mißbehagen fühlte. Um den Fortgange dieses schleichenden Uebels zu wehren, badete ich mich täglich einmal in der See, und trank einige Gläser stärkenden Pontack, wovon jeder Officier, ausser seinem eigenen Vorrath, zwey Anker bekommen hatte; diese Mittel waren von treflicher Wirkung, und in wenigen Tagen war ich völlig wieder hergestellt. Den 30sten Januar ward das Wetter nebeligt, worauf wir beylegten, und in dreyzehn Klaftern trüben Wassers das Senkbley auswarfen. Den folgenden Tag kamen wir bey einigen schwarzen Felsen vorbey, welche die Constabler genannt werden, und kamen nahe bey den Euripice oder Teufelsinseln, an der Küste von Südamérika vor Anker. Diese Inseln liegen etwa vier und zwanzig englische Meilen von der französischen Niederlassung Cayenne, Nordnordwestwärts in 5 Grad 20 Minuten nördlicher Breite, und bestehen aus einer Reihe kleiner, unbewohnter, sehr gefährlicher

cher Klippen. Die Strömung geht hier beständig von Südosten nach Nordwesten mit einer Schnelligkeit von sechzig englischen Meilen in vier und zwanzig Stunden, und daher muß jedes Schiff, welches zufälligerweise die Mündung des Surinamflusses verfehlt, einen beträchtlichen Umweg machen, um die Möglichkeit wieder zu erlangen, in den Fluß einzulaufen.

Während wir hier vor Anker lagen, bemerkten wir ein Narwhal oder Seeeinhorn, und ein Paar große Schildkröten, welche bey dem Schiffe vorbey schwammen. Ersterer ist ein sehr großer Fisch, der durch einen langen Hornähnlichen gewundenen Auswuchs auf der Nase besonders merkwürdig ist. Derjenige, den wir hier sahen, schien nicht mehr als sechs bis acht Fuß Länge zu haben, und das Horn etwa vier Fuß; zuweilen aber soll er vierzig bis funfzig Fuß lang, und den Fischen, vornehmlich den Wallfischen, vermittelst seines Horns, sehr gefährlich seyn. Dieses Horn soll, wenn es polirt ist, an Härte und Weiße dem Elfenbein wenig nachgeben. Der Narwhal gehört zum Geschlecht der Wallfische, und wird häufiger in kalten als warmen Himmelsstrichen gefunden. Das Weibchen soll mit jenem Auswuchs, den man bey dem Männchen bemerkt, nicht versehen seyn. Einige Schriftsteller haben diesen Fisch mit dem Schwerdtfisch

ver=

verwechselt, mit dem er jedoch nicht die geringste Aehnlichkeit hat.

Den 1sten Februar giengen wir wieder unter Segel, und paſſirten die Mündung des Fluſses Marawina; dieſer Fluß hat den Untergang ſehr vieler Schiffe verurſacht, indem er häufig für den Surinamfluß gehalten wird, dem er zwar auffallend ähnlich, aber dabey voller Klippen, kleiner Inſeln und Sandbänke und ſo flach iſt, daß alle Schiffe von beträchtlicher Größe ſogleich auf den Grund laufen und ſcheitern.

Den 2ten liefen wir in den herrlichen Surinamfluß ein, und kamen um drey Uhr Nachmittags vor der neuen Feſtung Amſterdam vor Anker, wo wir auch die Vigilance vorfanden, die ſich bey Cap Finisterre von uns trennte, und zwey Tage vor uns hier angekommen war.

Der Anblick der grünen lachenden Landſchaften an beyden Ufern des Fluſſes, welche durch die Menge der hin= und herſegelnden Fahrzeuge, und unzähliger Knaben und Mädchen, die wie Tritonen und Nereiden im Waſſer ſcherzten, belebt wurden, verbreiteten Heiterkeit und Fröhlichkeit unter die ganze Mannſchaft, und jeder verſprach ſich den Genuß der reizendſten Glückſeligkeit in dieſen blühenden Gegenden.

In der That kann man ſich keine bezaubernderen Empfindung denken, als die, welche durch die tauſendfachen lieblichen Düfte von Citronen,

Limo=

Limonien, Pomeranzen und Blüthen verursacht wird, die jedes Lüftchen von den Plantagen an den Ufern des Flusses herüberweht. Der Oberst Porcheron, der Commandant von Fort Amsterdam, schickte eine Menge dieser herrlichen Früchte an Bord, und begrüßte unsre Schiffe mit neun Canonenschüssen, die wir mit einer gleichen Anzahl erwiederten. Gleich nachher ward eine Pinasse mit einem unsrer Capitains an Bord nach Paramaribo abgesandt, um dem Gouverneur die Ankunft der Truppen zu melden.

Unsere Truppen giengen jetzt häufig an Land, und ich begleitete sie mehrentheils auf ihren Spaziergängen; der erste Gegenstand aber, der mir in die Augen fiel, verminderte sehr merklich das Vergnügen, welches ich mir von dem Umherstreifen in diesen lieblichen Gegenden versprochen hatte. Dieses war eine junge weibliche Sclavinn, die nur mit einigen Lumpen um die Hüften bekleidet war, und auf deren Haut noch die Striemen sichtbar waren, welche die Peitsche gezogen hatte. Das Vergehen dieses unglücklichen Schlachtopfers der Tyranney, bestand in der Nichterfüllung einer Arbeit, die augenscheinlich ihre Kräfte überstieg, und dafür ward sie verurtheilt, zweyhundert Streiche zu empfangen, und einige Monate lang an einer Kette, die ihr um den Fuß geschlossen war, eine Centnerschwere Last zu schleppen. Ihr Anblick rührte mich un-
aus-

aussprechlich, und brachte mir einen schauderhaften Begriff von der Barbarey der Pflanzer bey, die in der Folge nur zu sehr bestätigt wurde.

Das Gras war in diesen Gegenden sehr lang und grob, und gewährte zween Gattungen höchst lästigen Ungeziefers einen Aufenthalt, die von denen Colonisten Pattat= und Sorapatläuse genannt werden, und sich Haufenweise auf allen Theilen unsers Körpers niederließen. Erstere dieser Insekten sind so klein, daß sie beynahe unsichtbar sind, letztere sind etwas größer, und haben die Gestalt eines kleinen Krebses; beyde aber nisteln sich fest in die Haut ein, und erregen ein unerträgliches Jucken. Am häufigsten findet man sie in der Regenzeit, und man hält dafür, das beste Mittel, sich ihrer zu erwehren, sey, baarfuß zu gehen, indem sie sich weit leichter und in größerer Menge an die Kleider anhängen, als auf die bloße Haut. Wir verlohren diese lästigen Gefährten nur bey unserer Zurückkunft an Bord, wo wir die leidenden Theile mit Citronensaft wuschen, welches die unangenehme Empfindung einigermaßen milderte.

Den 3ten März erhielten wir einen Besuch von einigen Officieren der Westindischen Compagnie=Truppen, die uns eine Menge vortreflicher Früchte und anderer Erfrischungen mitbrachten. Sie kamen in schönen, mit Fahnen und Zelten gezierten Lustschiffen, die unter dem Getön lieblicher

cher Musik herbeyruderten; jedes Fahrzeug hat=
te sechs bis acht Neger zum rudern, die außer
einem Streif Leinen oder Baumwollen Zeug, der
zwischen die Lenden geschlungen war, keine Kleider
auf dem Leibe hatten. Gewöhnlich wählt man zu
diesem Geschäft und zu der Bedienung im Hause
die schönsten Leute; und diese Ruderer, die eben=
falls jung, stark und gesund waren, hatten auch
ein sehr gutes Ansehen, und weil sie beynahe
nackend waren, hatten wir eine bequeme Gele=
genheit, die glänzende Schwärze ihrer glatten
Haut zu bemerken. Mit diesem Anblick mach=
ten zwey Canots voll ausgehungerter kraftloser
Schwarzer, die mit lautem Ungestüm um eine
Gabe von den Soldaten bettelten, einen schnei=
denden Contrast.

Den folgenden Tag erhielt unser Befehlsha=
ber einen Besuch von einem Herrn Rynsdorp,
der ihm zwey schwarze Soldaten, freygelaßne
Sclaven, vorstellte, die zu einem vor kurzem er=
richteten Corps von dreyhundert Negern gehör=
ten, die sich ganz neuerlich auf eine sehr ver=
dienstliche Weise durch ihre muthige Vertheidi=
gung der Colonie ausgezeichnet hatten.

Während der Zeit, daß wir noch vor der
Festung Amsterdam vor Anker lagen, erhielt ich
eine höfliche Einladung von einem Pflanzer, Na=
mens Lolkens, dem ich empfohlen war, mich seines
Hauses und Tisches in Paramaribo zu bedienen.

Den

Den 8ten giengen wir wieder unter Segel, und schifften unter schlagenden Trommeln, fliegenden Fahnen, und mit einer Wache von Seesoldaten, die auf dem Verdeck jedes Schiffes aufgezogen war, den Surinamfluß hinauf. Endlich erreichten wir Paramaribo, und kamen einen Pistolenschuß vom Ufer vor Anker.

Die Stadt hatte ein sehr nettes und sauberes Ansehen. Die Wälder umher waren in das lachendste Grün gekleidet, die Luft mit Wohlgerüchen erfüllt, der Fluß mit schönen Fahrzeugen bedeckt, und die ganze Gegend von dem Glanz einer wolkenlosen Sonne vergoldet. Alle diese angenehmen Gegenstände verbreiteten eine allgemeine Heiterkeit und Freude unter der ganzen Schiffsgesellschaft; doch verließen wir nicht sogleich unsre hölzernen Wohnungen, sondern musten uns bis zu dem andern Tage gedulden, wo die Truppen feyerlich und förmlich unter dem beständigen Donner der Canonen gelandet wurden.

Alle Einwohner von Paramaribo hatten sich versammelt, dieses glänzende Schauspiel mit anzusehen, und ich kann sagen, daß ihre Erwartungen nicht getäuscht wurden. Das Corps bestand aus fünfhundert jungen blühenden Leuten, (denn wir waren so glücklich gewesen, während der Reise nur einen Mann zu verlieren) von denen der älteste nicht über dreyßig Jahr alt war, in saubere neue Uniform gekleidet, und die Mützen

mit

mit Sträußern von Orangenblüthen geziert. Wir paradirten auf einer großen, grünen Ebene zwischen der Stadt und der Festung, gerade vor dem Pallast des Gouverneurs, und die Hitze war so übermäßig groß, daß mehrere Soldaten ohnmächtig wurden. Nachher begaben sich die Truppen in die für sie bereiteten Quartiere, und die Officiere wurden von dem Gouverneur zu Mittage bewirthet, wo die grösten Leckereyen von Europa und Amerika auf Silber servirt wurden. Die feinsten Weine waren im Ueberfluß vorhanden, und der Nachtisch bestand aus den herrlichsten Früchten. Die Aufwartung besorgten eine Menge wohlgebildeter Negerinnen und Mulattomädchen, die, nach der Sitte des Landes, an der obern Hälfte des Leibes ganz nackend waren. Uebrigens aber trugen sie Röcke von den feinsten indischen Zitzen, und waren mit goldenen Ketten, Medaillen, Korallen, Armbändern und wohlriechenden Blumen geschmückt.

Nachdem wir uns bis gegen sieben Uhr bey diesem prächtigen Gastmahl verweilt hatten, nahmen wir Abschied, und ich machte mich auf den Weg, um die Wohnung des gastfreyen Herrn Polkens aufzusuchen, der mir sein Haus angetragen hatte. Ich fand sie bald, mein Empfang war aber so lächerlich, daß ich nicht umhin kann, ihn zu erwähnen. Als ich an die Thür geklopft hatte, ward diese von einer jungen Negresse, von sehr handfestem Ansehen geöfnet, die in der einen Hand eine brennende Tabakspfeife und in der andern ein Licht hielt, mit dem sie mir dicht ins Gesicht leuchtete, um mich zu betrachten. Ich fragte, ob ihr Herr zu Hause sey, und erhielt eine Antwort in einer mir völlig unverständlichen Sprache; als ich hierauf den Namen ihres Herrn nannte, brach sie in ein übermäßiges Gelächter aus, faßte mich bey den Knöpfen meines Kleides, und machte mir ein Zeichen, ihr zu folgen. Ich gerieth hierüber ganz in Verlegenheit, folgte aber doch ihrer Einladung, und ward in ein sauberes Zimmer geführt, wo sie sogleich einige schöne Früchte, und eine Bouteille Maderawein auf einen Tisch stellte. Alsdann machte sie mir, so gut sie konnte, verständlich, daß ihr Herr und seine ganze Familie auf einige Tage nach seiner Plantage gegangen wären, und daß man sie zurück gelassen hätte, um einen englischen Capitain zu empfangen, für den sie mich ansähe. Ich bestätigte ihre Vermuthung, und schenkte ihr ein Glas Wein ein, welches ich Mühe hatte, ihr aufzudringen, denn die armen Geschöpfe werden mit solchem Uebermuth behandelt, daß sie es für eine unverzeihliche Dreistigkeit halten, in Gegenwart eines Europäers zu essen und zu trinken.

Die Unterredung mit diesem Mädchen wurde mir bald langweilig, und um sie los zu werden,

den, gab ich ihr zu verstehen, daß ich zu schlafen wünschte; meine Pantomime aber brachte sie auf einen sonderbaren Mißverstand, denn sie warf sich mir sogleich an den Hals, und drückte einen brennenden Kuß auf meine Lippen. Aufgebracht über diese unerwartete, und bey ihrer Farbe nichts weniger als angenehme Liebkosung, riß ich mich von ihr los, und eilte in das Zimmer, das für mich zum Schlafen bestimmt war. Aber auch hier verfolgte mich meine schwarze Peinigerin, und nöthigte mich, aller Weigerungen ungeachtet, mir Schuhe und Strümpfe von ihr ausziehen zu lassen, welches in ganz Surinam ein Geschäft der Sclaven ist.

Da am andern Morgen mein Freund, der Pflanzer, noch nicht zurückgekommen war, nahm ich Abschied von seiner Wohnung und seiner dienstfertigen Sclavin, und ließ mich, nachdem ich die Soldaten in ihren neuen Quartieren besucht hatte, von dem Quartiermeister in ein für mich bestimmtes Logis führen. Das Haus war zwar gänzlich unmeublirt, aber, wie ich bald entdeckte, doch nicht unbewohnt, denn als ich die erste Nacht mein Capitainspatent, welches von Pergament war, im Fenster liegen ließ, fand ich es am folgenden Morgen, zu meinem nicht geringen Verdruß, von den Ratten gefressen.

Meine erste Sorge war nun, meine Wohnung gehörig mit Hausrath zu versehen, aber dieser Mühe überhoben mich die gastfreyen Einwohner der Stadt, indem die Damen mich um die Wette mit Tischen, Stühlen, Spiegeln, Porcellain und sogar Silberzeug versahen, und die Herren mit Geschenken von Wein, Porter, Rum, Zucker und vortreflichen Früchten überhäuften.

An diesem Tage ward untersucht, wie groß der übriggebliebene Vorrath von lebendigem Vieh und Geflügel sey, und es fand sich, daß er sich seit unsrer Abreise aus Holland wenig vermindert hatte, worauf alles sogleich nach dem Hauptquartier unsers Herrn Obersten abgeliefert wurde. Außerdem hatten wir die Kränkung, daß sechzig Fäßchen mit eingemachten Gemüsen und eben so viel schöne westphälische Schinken, die unter Weges verdorben waren, den Hayfischen im Surinamflusse zur Beute gegeben wurden.

Den zweyten Morgen nach unsrer Landung bemerkte ich, daß mein Gesicht, Brust und Hände mit rothen Flecken, wie die Haut eines Pantherthiers, übersäet waren, welche von Myriaden Musquitos herrührten, die mich die ganze Nacht umschwärmten, obgleich meine große Ermüdung und die drückende Hitze des Climas mich verhindert hatten, ihre Stiche zu fühlen. Diese Insecten sind hier während der Regenzeit in unglaublicher Menge vorhanden, und niemand ist vor ihren Angriffen sicher, vorzüglich aber fallen sie den Neuangekommenen zur Last; und wo
sie

sie ihren Saugrüssel einstecken und nicht verjagt werden, saugen sie das Blut so lange aus, bis sie kaum mehr fliegen können.

Das beste Heilmittel gegen ihre Stiche ist, sich mit Wasser und Citronensaft zu waschen, welches auch ein gutes Verwahrungsmittel gegen ihre Angriffe ist. Des Abends, ehe die Fenster zugemacht werden, pflegen die Einwohner gewöhnlich Taback in ihren Zimmern zu verbrennen, wovon der Rauch die Mücken in Bewegung setzt, und alsdenn werfen die Negerinnen ohne Umstände ihr Röckchen, ihre einzige Bedeckung ab, und jagen damit die Insecten zum Fenster hinaus. Einige von den Einwohnern, welche vorzüglich weichlich sind, erlauben sich sogar ein Paar Sclaven die ganze Nacht hindurch zu beschäftigen, um die Musquiten von ihrem Lager wegzufächeln; andre haben Umhänge von grünem Flor um ihre Betten, und die meisten hängen über ihre Hangmatten ein dünnes baumwollenes Laken, welches sie gegen die Anfälle dieser Landplagen schützt. Einige Tage nachher kam ein Negerweib von mittlerm Alter mit einem vierzehnjährigen schwarzen Mädchen in mein Zimmer, und man denke sich mein Erstaunen, als sie mir ihre Tochter ganz ernsthaft antrug, um, wie sie es nannte, meine Frau zu werden. Ich war indessen so wenig dazu gestimmt, daß ich ihren Vorschlag

mit

mit lautem Gelächter verwarf. Doch begleitete ich meine Weigerung mit einem kleinen Geschenk, worüber beyde vergnügt schienen, und mit allen Aeußerungen von Dankbarkeit und Ehrerbietung Abschied nahmen. Die Mädchen, welche sich freywillig in Verbindungen dieser Art einlassen, sind theils Mulatten, Indianerinnen, oder Negerinnen. Sie sind stolz darauf, in dergleichen Verhältnissen mit einem Europäer zu stehen, und bleiben ihm mehrentheils mit unwandelbarer Treue und Liebe zugethan, welches unzähligen andern vom schönen Geschlecht zu nicht geringer Beschämung gereicht, die mit unbegreiflichem Leichtsinn ungleich heiligere Bande zerreissen. Man hält hier dergleichen Verbindungen auch gar nicht für schimpflich, und selbst die Herren Prediger tragen kein Bedenken, sich dergleichen zu erlauben. Auch werden diese Mädchen, so lange sie ihrem Geliebten treu bleiben und sich sittsam betragen, von allen ihren Verwandten geschätzt und geliebt, und man betrachtet diese Heirathen als völlig gesetzmäßig, weil ihr Sclavenstand ihnen nicht erlaubt, andre einzugehen.

Die Gastfreyheit der Einwohner schränkte sich nicht auf unsern Empfang ein, und ich erhielt von dem Herrn Gouverneur, dem Commandanten Oberst Texier und von mehr als zwanzig angesehenen Familien Einladungen, sie zu allen Zeiten zu besuchen. Ein gewisser Herr Kennedy war

war sogar so artig, mir zu erlauben, mich seines Wagens, seiner Reitpferde und Tisches nach Belieben zu bedienen, und mir einen hübschen Negersclaven, Namens Quaco zu überlassen, den Sonnenschirm zu tragen, so lange ich in Surinam bliebe. Den andern Officieren erwies man gleiche Gefälligkeiten, und die ganze Colonie schien zu wetteifern, uns mit beständigen Lustbarkeiten zu unterhalten. Bälle, Concerte, Spielgesellschaften und Schmausereyen wechselten unaufhörlich mit einander ab, und um nicht unerkenntlich zu seyn, bewirtheten wir ebenfalls die Damen, und veranstalteten Tänze am Bord der Schiffe, unter einer über den Verdeck ausgespannten Leinwand, die bis an den hellen Morgen dauerten, und sich gewöhnlich mit einer Spatzierfarth in ihren Equipagen schlossen. Diese immerwährende Zerstreuung mit dem verderblichen Einflusse eines übermäßig heißen Clima zusammen genommen, hatte bald nachtheilige Folgen für unsre Gesundheit, und einige unsrer Officiere empfanden diese Folgen sehr nachdrücklich. Durch ihr Beyspiel gewarnt, entzog ich mich allen Gesellschaften, indem ich überzeugt war, daß dies das einzige Mittel sey, meine Gesundheit einigermaßen in einem Lande zu sichern, welches den Europäern beynahe durchgehends verderblich ist.

Die beständigen Vergnügungen aller Art, denen sich die Einwohner dieser Colonie beynahe ohne ne Ausnahme überlassen, verfehlen auch bey diesen ihre Wirkung nicht: die Männer haben durchgehends ein kraftloses, elendes Ansehen, und die Creolinnen genießen selten einer bessern Gesundheit. Sie sehen abgespannt und kränklich aus, ihre Farbe ist erdfahl, und selbst die Haut der jungen Mädchen schon vertrocknet. Doch giebt es auch hier einige Ausnahmen. Ihre Anzahl ist aber so geringe, daß die Colonisten in ihren Liebeshändeln gewöhnlich den gebohrnen Indianerinnen, Mulatten und Negermädchen den Vorzug geben, die sich vorzüglich durch ihre außerordentliche Reinlichkeit, Gesundheit und Munterkeit empfehlen. Die Ausschweifungen der Männer in diesem Puncte verschaffen den Creolischen Damen gewöhnlich sehr früh das Glück, in Trauer als tiefgebeugte Wittwen zu erscheinen; doch bleibt ihnen die Erlaubniß, sich nach einem andern Gehülfen umzusehen, und diese lassen sie auch nicht unbenutzt, und ich habe häufig Frauen gekannt, die schon vier Männer begraben hatten, da ich hingegen nie erfahren habe, daß ein Mann zwey Weiber überlebt hätte. –

Ungeachtet der höflichen Aufnahme, mit der man uns durchgängig beehrte, war es doch gleich in den ersten Tagen sichtbar, daß zwischen dem Gouverneur und unserm Befehlshaber ein wechselseitiger Kaltsinn herrschte, zu dem Letzterer gleich an dem ersten Tage unserer Landung eine öffentliche

liche Veranlassung gab, indem er das Regiment mit dem Rücken nach dem Pallast des Gouverneurs hin aufmarschieren ließ. Dieser Zwiespalt hatte für uns manche unangenehme Folgen, und nach einem Aufenthalt von einigen Wochen in Paramaribo fand der Gouverneur für gut, den Obersten zu benachrichtigen, daß, da die rebellischen Neger nicht weiter geneigt schienen, den Frieden der Colonie zu stören, so wären ihre eignen Soldaten und das Corps schwarzer leichter Truppen zu ihrer Beschützung hinreichend, und es stünde dem Obersten frey, sich sobald es ihm beliebte, mit seinen Seesoldaten nach Europa einzuschiffen.

Diese Nachricht ward mit sehr verschiedenen Empfindungen von unsren Officieren aufgenommen. Indessen machten doch alle zur Abreise Anstalten, die aber in wenig Tagen durch die urgestümen Forderungen der Einwohner, daß wir bleiben sollten, aufgeschoben wurden. Man hörte daher auf, die Schiffe mit Holz und Wasser zu versehen, doch blieben sie übrigens noch in Bereitschaft. Während diesem Zwischenraum von Muße und Ungewißheit, beschäftigte ich mich ernstlich mit dem Plan, eine kurze Geschichte der Colonie aufzusetzen, und einige Zeichnungen zu entwerfen, die mir dazu nützlich zu seyn schienen. Außerdem, daß ich bey dieser Arbeit die besten vorhandenen Schriftsteller zu

Ra-

Rathe zog, unterstützte mich der Gouverneur auf alle Art und Weise in meinem Unternehmen; er theilte mir verschiedene Manuscripte mit, und schickte mir täglich neue Thiere, Pflanzen und andre Naturproducte, die ich kennen zu lernen wünschte. Ich werde nun, meiner Absicht gemäß, eine kurze allgemeine Beschreibung dieses merkwürdigen Landes liefern.

Zweytes Kapitel.

Man hat die Entdeckung der Küste Guiana lange, obgleich nicht mit völliger Zuverläßigkeit, dem spanischen Befehlshaber, Vasco Nunnes, zugeschrieben, welcher, nach der Entdeckung, daß Cuba eine Insel sey, auf dem festen Lande von Südamerika landete, bis in die Gegenden zwischen dem Oronoko und Amazonenflusse vordrang, und diesem weitläuftigen Strich im Gegensatz von Cuba und den benachbarten Inseln den Namen Terra Firma beylegte.

Dieses Land, welches ungefähr 1220 geographische Meilen lang, und 680 breit ist, liegt zwischen dem achten und dritten Grad südlicher Breite, und zwischen 50 und 70 Grad 20 Min. westlicher Länge von dem Meridian von London in dem nordöstlichen Theil von Südamerika. Es wird gegen Nordwesten vom Oronoko, gegen Südosten vom Amazonenflusse begrenzt, gegen
Nord-

Nordosten bespült es das atlantische Weltmeer, und der Rio Negro zieht ihm an der südwestlichen Seite die Grenze; so daß alle diese Gewässer beynahe eine Insel bilden, welche von Neu-Grenada, Peru und Brasilien umgeben ist.

Obgleich Guiana wie Guinea in dem heissen Erdgürtel liegt, so ist dennoch die Hitze in dem erstern ungleich erträglicher als in dem letztern. Die glühenden Strahlen der Sonne werden in Guiana täglich durch erquickende Seewinde gemildert; da hingegen in Guinea die Hitze durch die Winde, welche von der Landseite her über brennende Sandwüsten wehen, noch unendlich vermehrt wird. Die östlichen oder Passatwinde, welche zwischen den Wendezirkeln wehen, sind in den Stunden von acht bis zehn des Morgens, und um sechs des Abends in Guiana sehr erfrischend. Späterhin hören sie auf zu wehen, und kaum hört man die Nacht hindurch das leiseste Lüftchen säuseln. Auf diese Winde folgen dicke Nebel und Dünste, welche aus der Erde steigen, und die Nächte hier empfindlich kalt, feucht und ungesund machen. Der Unterschied der Länge der Tage und Nächte beträgt hier das ganze Jahr hindurch nie mehr als vierzig Minuten, indem die Sonne beständig um sechs Uhr des Morgens auf- und um eben die Zeit untergeht.

Die nasse und trockne Jahreszeit, welche das Jahr hier, wie Kälte und Hitze in Europa, in

zwey

zwey Hälften theilen, kann man den Winter und Sommer dieses Landes nennen. Eigentlich aber giebt es in Guiana zwey Sommer und zwey Winter, die sich nur durch ihre größere und geringere Dauer unterscheiden; doch scheint diese Verschiedenheit eher eingebildet, als wirklich zu seyn, wenigstens in Beziehung auf die Regenzeit, indem diese grossen Wassergüsse allemal statt finden, wenn die Sonne scheitelrecht ist, welches sich zweymal des Jahres ereignet, und auf gleich lange Zeit, woraus sich vermuthen läßt, daß die Regenzeit beydemale gleich anhaltend seyn wird.

Der Unterschied zwischen der Dauer der trocknen Jahreszeiten läßt sich eher aus Gründen erklären, indem die längere in Surinam oft schon im October ihren Anfang nimmt, wenn die Sonne sich nach dem Wendezirkel des Steinbocks neiget. Alsdenn ist eine beständige Dürre und brennende Hitze, welche bis zum März dauert, wo die Sonne wieder zurückkehrt. Hierauf folgen ununterbrochene Regengüsse bis in den Junius, während welcher Zeit die Sonne in den Wendezirkel des Krebses tritt, und ein kurzer Zeitraum von trockner Hitze wieder statt findet, auf den zum zweytenmal eine Regenzeit folgt, die bis zum October dauert.

Die Abwechselungen der Witterung sind jedesmal mit schrecklichen Donner und Blitzen begleigleitet, die mehrere Wochen anhalten, und oft Menschen und Vieh erschlagen.

Einige Theile von Guiana haben ein unfruchtbares und gebirgigtes Ansehen, größtentheils aber ist der Boden äusserst fruchtbar, die Erde das ganze Jahr hindurch mit dem lachendsten Grün bekleidet, die Bäume zu gleicher Zeit mit Blüthen und Früchten prangend, und das Ganze ein Bild der schönen Vereinigung aller Reize des Sommers und Frühlings. Diese allgemeine Fruchtbarkeit in Surinam rührt nicht sowohl von den Regengüssen und der Hitze des Climas her, als von der niedrigen und sumpfigten Beschaffenheit des Bodens, die dem Wachsthum aller Producte ausserordentlich günstig ist. Freylich sind diese Gegenden nichts weniger als der Gesundheit zuträglich; der Geist des Gewinns ist indessen eine mächtige Triebfeder, und die Gewißheit schneller Vortheile überwiegt alle Besorgnisse eines entferntern und eben deswegen ungewissern Uebels.

Die unangebauten Gegenden von Guiana sind mit ungeheuern Wäldern, mit Felsen und Bergen bedeckt, und einige der letztern sind reich an mineralischen Erzeugnissen; das ganze Land aber ist von tiefen Sümpfen und weitläuftigen Haiden oder Savannahs durchschnitten. Die Meerströme fließen längst der Küste beständig nach Nordwesten, und das ganze Ufer ist wegen

der

der vielen Sandbänke, Untiefen, Sümpfe, Felsen und dichtverwachsenen Gesträuche beynahe überall unzugänglich.

Die Spanier, Portugiesen und Holländer sind die einzigen Nationen, welche in diesem Theil von Terra Firma Niederlassungen besitzen; die kleine Colonie von Cayenne ausgenommen, welche den Franzosen gehört, und zwischen dem Marawinafluß und Cap Orange liegt. Die Besitzungen der Spanier in Guiana liegen am Oronoko, und die der Portugiesen erstrecken sich längst den Ufern des Amazonenflusses. Die holländischen Niederlassungen, welche sich längst der Küste des atlantischen Weltmeers von Cap Nassau bis an den Fluß Marawina erstrecken, sind Essequebo, Demerary, Berbice und Surinam; letztere ist die größte und wichtigste, und die nachstehende Beschreibung wird sich vornehmlich auf sie einschränken.

Die Holländer nehmen an, daß sich Surinam über den ganzen Landstrich ausdehne, welcher gegen Westen von dem Fluß Canre oder Cange vierzig Meilen vom Corantine, und Ostwärts von dem Fluß Sinamari begrenzt wird. Diese Grenzen werden ihnen aber von den Franzosen streitig gemacht, welche den Umfang von Surinam durch die Ufer des Marawina beschränken, wo sie einen Kriegsposten unterhalten.

Von allen Flüssen dieser Colohie ist der Surinam, von dem sie den Namen hat, allein schiffbar, denn die andern sind, ungeachtet ihrer Länge und Breite, so voll Klippen, Sandbänke und kleiner Inseln, daß sie für Europäer geringen Nutzen haben, auch werden ihre Ufer nur von einigen Eingebohrnen des Landes bewohnt. Der Surinamfluß, dessen Mündung ungefähr im sechsten Grade nördlicher Breite befindlich ist, hat an dem Eingange eine Breite von beynahe vier englischen Meilen, und ist zur Zeit der Ebbe sechzehn bis achtzehn Fuß tief, während der Fluthzeit steigt das Wasser aber zwölf Fuß höher. Diese Tiefe und Breite bleibt bis auf zehn englische Meilen von der Mündung, und er ist bis auf hundert und zwanzig Meilen weiter für kleine Schiffe fahrbar. Er theilt sich in mehrere Arme, wovon der vornehmste Comawine heißt. In diesen fallen mehrere kleine Ströme, an deren Ufern eine Menge Pflanzungen angelegt sind.

Von den übrigen Flüssen, deren Ufer bis jetzt unangebaut sind, läßt sich wenig Merkwürdiges anführen; doch muß ich bey dem Marawina einer schönen Gattung Kieselsteine erwähnen, welche man in seinem Bette findet, und die eine so vortrefliche Politur annehmen, daß sie den Diamanten nahe kommen, weshalb man sie auch Marawina=Diamanten nennt. Das Wasser des Surinamflusses wird für das allervortreflichste
gehal-

gehalten, und die Matrosen hohlen es für ihren Schiffsvorrath bis auf vierzig englische Meilen weit von der Mündung.

Zur Befestigung dieser Flüsse dienen erstlich am Surinam zwey Schanzen, welche Leyden und Purmerend heissen, und acht Meilen von der Mündung liegen. Weiterhin auf einer Landspitze, wo sich der Surinam und Comawina trennen, liegt die Festung Amsterdam, welche den Eingang beyder Flüsse deckt.

Sechs bis sieben Meilen weiter hin, findet man bey der Stadt Paramaribo die Citadelle, welche den Namen Zelandia führt, und an dem Comawina liegt noch die Festung Sommelsdyk. Ausser diesen sind noch verschiedene militairische Posten an den Flüssen Corantine, Seramica und Marawina. An der Mündung des Mottbaches, etwa dreyßig Meilen von Surinam weiter hinunter an der Küste, ist außer einer starken Wache, auch ein Leuchtthurm, um die Schiffe, welche nach jenem Flusse segeln, zu benachrichtigen, daß sie die Mündung des gefährlichen Marawina passirt sind. Hier pflegt man auch einige Canonen zu lösen, um der Colonie anzuzeigen, wenn Schiffe sich der Küste nähern. Landeinwärts am Surinam und den andern Strömen werden auch beständig Vorposten unterhalten, um die Einwohner vor den Einfällen der Eingebohrnen oder der geflüchteten Neger zu schützen. Dies ist die ganze Kriegs-

Kriegsmacht der Colonie, ausgenommen ein kleines bewaffnetes Fahrzeug, welches zwischen dem Marawina und Berbice kreuzt, um die Colonie von jeder nahen Gefahr zu benachrichtigen.

Jetzt wollen wir kürzlich die Geschichte dieser bisher blühenden Colonie berühren. Die Meynungen über die erste Entdeckung dieser Küste sind getheilt. Einige schreiben sie dem Christoph Colon im Jahr 1498 zu, wie er zum Lohn seiner großen Dienste in Fesseln nach Spanien geschickt wurde; andre hingegen behaupten, sie wäre erst im Jahr 1504 vom Basco Nunnez entdeckt worden.

1595 besuchte Sir Walter Raleigh diese Küste, und segelte sechshundert Meilen weit, den Oronoko hinauf, um das vermeintliche Eldorado zu finden. 1634 fand ein Holländer, Namens David Peter de Vries, in Surinam sechzig Engländer, unter einem Capitain Marschall, welche sich mit dem Tabaksbau beschäftigten. 1640 machten die Franzosen einen Versuch, Surinam anzubauen, den sie aber bald aufgeben musten, weil sie zu häufig von den Caraiben beunruhigt wurden, deren Haß sie sich durch ihre Grausamkeiten zugezogen hatten. 1650 sandte Lord Willoughby von Perham, mit König Carl des Zweyten von England Bewilligung, ein Schiff aus, um von diesem damals unbesetzten Lande Besitz zu nehmen; und diesem ersten folgten noch drey andre Schiffe. Die neuen Ankömmlinge lebten in gutem Vernehmen mit den Eingebohrnen, bauten fleißig Tabak und Zucker, und errichteten eine starke Festung von gehauenen Steinen. Doch schreiben einige diesen ersten Anbau des Landes den Portugiesen, noch andre den Franzosen zu.

Der Flor dieser kleinen Colonie hatte indeß nicht lange Bestand, denn im Kriege zwischen König Carl dem Zweyten und den Holländern nahmen diese, welche die Portugiesen aus Brasilien vertrieben hatten, im Jahr 1667, die neue Colonie den Engländern weg, und trieben von den Einwohnern eine Contribution von tausend Centner Zucker bey. Dies ereignete sich im Monat Februar, und im folgenden October nahm der englische Commodore Harman, welcher den Friedensschluß zu Breda noch nicht erfahren hatte, die Niederlassung von neuem den Holländern ab, und schickte die holländische Besatzung als Kriegsgefangne nach Barbados. Doch ward sie den Holländern im Jahr 1669 von neuem überliefert, worauf zwölfhundert der alten Einwohner Engländer und Neger das Land verließen, und sich nach Jamaica begaben. Seit dieser Zeit ist Surinam beständig in den Händen der Holländer geblieben.

Anfänglich genossen die Holländer wenig Ruhe in ihrer neuerworbenen Besitzung; denn die Eingebohrnen, denen sie weit verhaßter als die

Eng-

Engländer waren, beunruhigten sie unaufhörlich, und ermordeten sogar verschiedene Colonisten in ihren Pflanzungen. Um diese Zeit verkaufte auch die Provinz Seeland, deren Eigenthum eigentlich die Niederlassung war, welcher aber die Kosten der Unterhaltung zu schwer fielen, das Ganze an die holländische westindische Compagnie, für die geringe Summe von 23,636 Pf. St. alle Kriegsvorräthe, Munition und 50 Canonen mit eingeschlossen. Die Compagnie erhielt zu gleicher Zeit von den Generalstaaten ein Patent, welches sie auf zehn Jahr von allen Abgaben befreyte. Dieser Befreyung ungeachtet konnte sie doch ihre Besitzung wegen der großen damit verbundenen Kosten nicht behaupten, und veräußerte wenige Monate nachher zwey Drittheile der Colonie an die Stadt Amsterdam, und an die Familie Sommelsdyk.

Hierauf ward Cornelius von Aarsen Herr von Sommelsdyk, einer der Eigenthümer, 1684 als General-Gouverneur der Colonie ausgesandt. Dieser ließ durch ein besonderes Gericht die Handhabung der Justiz verwalten, lebte aber mit den Gliedern desselben wie mit den übrigen Einwohnern in beständiger Uneinigkeit, und ward 1688 an einem Tage mit dem Vice-Gouverneur, von seinen eigenen Soldaten, die er durch harte Arbeiten und schlechten dürftigen Unterhalt empört hatte, ermordet.

Während dem bald nachher zwischen Holland und Frankreich ausgebrochenen Kriege ward Surinam von dem Admiral Dukasse mit einer starken Flotte angegriffen, die der damalige Gouverneur Scharpenhuysen aber tapfer zurückschlug.

In dem spanischen Successionskriege ward die Colonie abermals von dem französischen Commodore Cassard beunruhigt, der sich aber ohne bessern Erfolg zurückziehen muste, aber 1712 hatte er besseres Glück, und nach einer starken Canonade auf Paramaribo und Fort Zelandia, und einer tapfern Gegenwehr von Seiten der Einwohner gelang es ihm, ihnen eine Contribution von 56,618 Pfund Sterling an Zucker, Negersclaven ꝛc. abzunehmen.

Drittes Kapitel.

Kaum war die unglückliche Colonie von ihren offenbaren, fremden Feinden befreyet, als sie von innern, noch gefährlichern angegriffen wurde.

Dieses waren die entlaufenen Negersclaven, die eine Zeitlang allgemeines Schrecken durch die Niederlassung verbreiteten, und sogar ihr völligen Umsturz drohten.

Von den frühesten Zeiten an hatten einige entlaufene Neger sich in die Wälder von Surinam geflüchtet; ihre Anzahl war aber gering, und nur im Jahr 1726 oder 1728 fingen sie an, an, furchtbar zu werden, indem sich ihre Zahl sehr vermehrte, und sie überdem Feuergewehre besaßen, die sie auf den Plantagen erbeutet hatten.

Mit diesen Waffen und ihren gewöhnlichen Bogen und Pfeilen versehen, machten sie beständige Einfälle auf die Kaffee- und Zuckerplantagen und plünderten sie aus, theils um sich an ihren gewesenen Herren zu rächen, theils um sich mit Flinten, Kugeln und Pulver, Beilen und dergleichen Werkzeugen zu ihrem künftigen Unterhalt zu versehen.

Diese Neger hielten sich gewöhnlich an den obern Gegenden des Seranicaflusses auf, weshalb man sie die Seranicarebellen nannte, um sie von andern Banden Empörer zu unterscheiden, welche in der Folge entstanden.

Zu verschiedenen Zeiten wurden kleine Corps Truppen und Leute von den Plantagen gegen sie ausgesandt, die aber vergebliche Versuche machten, sie durch Versprechungen oder Gewalt zum Gehorsam zurückzubringen.

Man faßte also im Jahr 1730 den barbarischen Entschluß, eilf unglückliche Neger gefangen auf das grausamste hinzurichten, in der Hofnung, daß dieses ihre Gefährten in Schrecken setzen, und sie bewegen würde, sich zu ergeben. Dem zufolge ward ein Mann lebendig an einem eisernen Haken, den man ihm durch die Rippen steckte,

steckte, an einem Galgen aufgehangen; zwey andre wurden an Pfähle geschlossen, und bey langsamem Feuer gebraten; sechs Weiber räderte man lebendig, und zwey Mädchen wurden enthauptet. Alle aber ertrugen ihre Qualen mit der grösten Standhaftigkeit, und stießen während denselben nicht einen einzigen Seufzer aus.

Diese Abscheulichkeiten aber brachten ganz entgegengesetzte Wirkungen hervor, als man sich davon versprochen hatte. Die Seramicarebellen geriethen darüber in solche Wuth, daß sie mehrere Jahre lang den Colonisten die gröste Angst einjagten, und sie endlich zwangen, ihnen Friedensvorschläge zu machen. Man brachte es im Jahr 1749 endlich so weit, daß die Bedingungen von beyden Seiten festgesetzt wurden. Die Europäer sollten den Negern eine Menge Waffen und Munition als ein Geschenk überliefern. Die Colonie schickte auch dieselben im folgenden Jahr treulich ab; das Detaschement, welches sie führte, ward aber von einem Neger überfallen, den man bey den Unterhandlungen nicht zu Rathe gezogen hatte, und der sich dafür zu rächen mit seiner Parthey die Abgeordneten überfiel, und ihnen alles abnahm, was sie bey sich hatten. Mitlerweile faßte der Anführer der Empörer, da er die Geschenke nicht ankommen sahe, den Argwohn, man habe ihn nur, um Zeit zu gewinnen, mit eitlen Hofnungen hingehalten,

und

und verbreitete von neuem Tod und Verheerung durch die ganze Colonie.

Das Unglück der Europäer stieg jetzt auf das Höchste, zu den alten Rebellen gesellten sich noch alle Neger am Tempatybach, die durch die Grausamkeiten ihrer Herren ebenfalls zum Aufstande gezwungen wurden, und nach mehrern Treffen musten die Colonisten wiederum den Frieden suchen, der endlich nach langen Unterhandlungen im Jahr 1761 zu Stande kam.

Man hatte zwölf bis vierzehn Artikel aufgesetzt, welche die Abgeordneten der Colonie und sechszehn Führer der Neger unterzeichneten.

Ausserdem aber bestanden die Schwarzen darauf, daß die Europäer einen feyerlichen Eid nach ihrer Landessitte ablegen musten, weil sie glaubten, die gewöhnliche Eidesform der Christen würde ihnen nicht heilig und verbindlich genug seyn. Die Feyerlichkeiten, die man dabey beobachtete, waren folgende: Jede Parthey zog sich mit einem Federmesser oder Lanzette einige Tropfen Blut vom Arm, ließ diese in eine Callabasche klaren Wassers tröpfeln, mengte ein wenig Erde darunter, und die Anwesenden ohne Ausnahme musten davon trinken, nachdem vorher einige Tropfen auf die Erde waren verschüttet worden. Ihre Priester nahmen mitlerweile mit aufgehabenen Händen und Augen, Himmel und Erde zu Zeugen, und riefen mit furchtbarem Ernste sie den Fluch des Allmächtigen auf denjenigen herab, der es zuerst wagen würde, dieses heilige, in die Ewigkeit hinaus reichende Bündniß zu verletzen. Auf diesen feyerlichen Anruf antwortete die Menge: Daso, welches so viel bedeutet als Amen!

Die Geissel der Neger, mit denen man diesen Frieden geschlossen hatte, wurden bey ihrer Ankunft in Paramaribo von dem Gouverneur begleitet, feyerlich durch die Stadt geführt, und speisten nachher an seiner Tafel.

Seitdem ist der Frieden mit diesen beyden Stämmen unverbrüchlich beobachtet worden, indem die Europäer ihnen jährlich Waffen und Munition geben, und sie sich dagegen anheischig gemacht haben, gegen eine gewisse festgesetzte Prämie alle Ueberläufer auszuliefern, und ihre Niederlassungen in einer gewissen Entfernung von der Stadt und den Plantagen zu halten. Ihre Anzahl vermehrt sich indessen zusehends, und aus etwa dreytausend Seelen, aus denen sie zur Zeit des Friedensschlusses bestanden, sind sie jetzt auf beynahe zwanzigtausend gestiegen; auch fangen sie an übermüthig und trotzig zu werden, und sollten sie sich ja zu den jetzigen Feinden der Colonie gesellen, so ist der Untergang der letztern beynahe unvermeidlich.

Surinam genoß nunmehr einen kurzen Zeitraum des Friedens, und in diesem ereigneten sich

sich folgende Begebenheiten: Im Jahr 1764, wo Gold und Silber in der Colonie sehr rar waren, machte man für 40,000 Pfund Sterling Papiergeld, welches mit einem Abzug von zehn Procent cursirte.

Im Jahr 1766 fühlte man hier ein ziemlich starkes Erdbeben, welches jedoch wenig Schaden anrichtete.

1769 gerieth durch die Sorglosigkeit der Landeseingebohrnen oder der Rebellen die ganze Küste von Demerary bis Cayenne in Brand; und zwar in der trocknen Jahreszeit, wo die Wälder durch die Hitze ausgedörrt sind, und das Unterholz von abgefallnen dürren Blättern ganz erstickt ist. Die Flammen waren so heftig, daß viele Plantagen dadurch in große Gefahr geriethen; von der Seeseite gewährte das Feuer einen fürchterlich schönen Anblick, der Rauch ward aber durch den Ostwind so landeinwärts getrieben, daß man sich auf drey Schritte nicht erkennen konnte.

1770 verkaufte die Familie Sommelsdyk ihren Antheil der Colonie an die Stadt Amsterdam für die Summe von 63,686 Pfund Sterling, so daß diese seit der Zeit zwey Drittheile des Eigenthumsrechts besitzt, das dritte aber ist in den Händen der westindischen Compagnie.

Seit dem Friedensschluß mit den Rebellen befand sich die Colonie in einer sehr glücklichen Lage.

Lage Die Producte aller Art mehrten sich unaufhörlich, und Surinam glich einem schönen, wohlangebaueten Garten, indem alles, was zur Nothdurft und zur Annehmlichkeit des Lebens gehört, im reichen Maaß hervorgebracht wurde. Aber eben dieses war die Quelle seines Unglücks: die Pflanzer schwelgten im Ueberfluß und verschwendeten ihre Zeit in üppigen Vergnügungen, indeß sie die Sorge für ihre Geschäfte hartherzigen und wollüstigen Aufsehern überließen, die dem Beyspiel ihrer Herren folgten, sich in Völlereyen herumwälzten, und, um sich die Mittel ihrer Verschwendung zu verschaffen, die Arbeiten der armen Neger übermäßig erschwerten, und ihnen beynahe den nothdürftigen Unterhalt entzogen. Das Beyspiel der ersten Rebellen diente diesen unglücklichen Sclaven zum Sporn, ähnliche Versuche zu machen, und in kurzem seufzte die Colonie wieder unter den mannigfaltigen Uebeln eines einheimischen Krieges. Die schönsten Plantagen sahe man jetzt überall in Rauch aufgehen, und längst den Ufern des Cotticaflusses lagen die zerstümmelten Cörper der Einwohner, welche die Neger ermordet und ihre Güter geplündert hatten, worauf sie sämmtlich, Männer, Weiber und Kinder, in die Wälder flüchteten.

Diese neuen Aufrührer nannte man von dem Ort, wo ihre Verheerungen zuerst ausgebrochen waren, die Cotticarebellen, und ihre Anzahl
wuchs

wuchs so schnell, daß sie Schrecken und Angst durch die Colonie verbreiteten, und ihr im Jahr 1772 beynahe den Garaus gemacht hätten. Alle Pflanzer flüchteten von ihren Gütern, und suchten Schutz in der Stadt Paramaribo. In dieser verzweifelten Lage der Sachen faßte man einen Entschluß, der selbst der beste Beweis ist, wie hofnungslos die Umstände waren. Dies war der gefährliche Schritt, ein Regiment von freygelassenen Sclaven zu errichten, die gegen ihre Landsleute fechten sollten. Wenn man bedenkt, wie allgemein die schlechte Behandlung der Neger in der ganzen Colonie gewesen war, so wird der Leser erstaunen, wenn er erfährt, daß jenes Mittel den erwünschten Erfolg hatte. Diese tapfern Leute thaten Wunder, in Verbindung mit den Truppen der Colonie; um indessen sich nicht ganz auf dieses unsichere Mittel verlassen zu dürfen, wandte man sich an den Erbstatthalter, und dem zufolge ward unser Corps abgesandt.

Die regulairen Truppen der Colonie sollen sich eigentlich, wenn sie komplet sind, auf zwölfhundert Mann belaufen, die in zwey Bataillons eingetheilt, und theils von der Gesellschaft, theils von den Einwohnern besoldet werden. Ihre Anzahl ist aber nie vollständig, weil viele schon auf der Ueberfahrt sterben, noch mehrere, ehe sie sich an das Clima gewöhnen, und viele in ihren gefährlichen und mühseligen Dienst, in den Sümpfen

pfen und Wäldern ihr Leben einbüßen. Außer dieser Anzahl schickte ihnen die Stadt Amsterdam noch eine Verstärkung von dreyhundert Mann. Von diesen Unglücklichen kamen indeß kaum funfzig zum Dienst tauglich an Land, die übrigen waren durch die unmenschliche Behandlung ihres Anführers, Herrn R..., theils aufgerieben, theils unfähig zum Dienst geworden, und sein Lieutenant hatte sich aus Verzweiflung über die barbarischen Strafen, die er täglich an den Soldaten ausüben sahe, aus dem Cajütenfenster ins Meer gestürzt und ersäuft.

Das Militair in Surinam besteht übrigens aus geschickten und wackern Officieren. Die Gemeinen aber sind der Auswurf aus allen Weltgegenden, verschieden an Größe, Gestalt und Alter, und machen ein jämmerliches Ganzes; doch sind sie, wenn es zum Treffen kommt, brav, und thun gute Dienste.

Die Artilleristen=Compagnie bey dem Corps ist in aller Rücksicht vortreflich; was sie ihre Miliz zu nennen belieben, ist hingegen unter aller Critik.

Die Compagnie der freygelaßnen Sclaven besteht zwar nur aus dreyhundert Mann, doch hat sie der Compagnie wesentlichern Nutzen gebracht, als alle übrigen zusammen. Diese Leute waren lauter Freywillige, mehrentheils starke, junge Leute, die man von den Plantagen ausgesucht,

sucht, und ihren Eigenthümern den ganzen Preß der Neger baar bezahlt hatte.

Ihre Oberhäupter oder Officiere sind drey oder vier Weisse, die man Führer nennt, und denen sie den unbedingtesten Gehorsam leisten. Außerdem haben zehn Mann Gemeine immer einen Capitain, der sie im Walde durch den Laut seines Horns regiert. Ihre Waffen sind eine Flinte und einen Säbel, außerdem gehen sie nackend, ein Paar lange Schifferbeinkleider und eine Scharlachmütze abgerechnet, die das Merkzeichen der Freyheit ist, und auf der die Nummer eines jeden steht. Diese Mütze nebst dem Feldgeschrey: Orange, unterscheidet sie von den Rebellen in Gefechten. Seit kurzem hat man ihnen auch noch grüne Uniformen gegeben.

Ich habe oben gesagt, daß die neuen sogenannten Cotticaempörer die Colonie mit der größten Gefahr bedrohten, und ich muß jetzt noch kürzlich erwähnen, wie diese abgewandt wurde.

Der Anführer der Neger, ein verwegener Kerl, Namens Baron, hatte einen festen Platz zwischen dem Cotticafluß und der Seeküste aufgeworfen, aus dem er mit seinen Leuten gelegentlich Ausfälle machte, und die Plantagen verwüstete.

Ich nenne diesen Platz fest, indem er wie eine Insel mitten in breiten, unzugänglichen Sümpfen und Morästen lag, und man nur auf geheimen

men, unter Wasser befindlichen Fußsteigen, dahin gelangen konnte, die keinen außer den Rebellen bekannt, und vor welchen geladene Drehbassen aufgepflanzt waren, die die Empörer von den Plantagen weggeführt hatten. Außerdem war der Ort, dem man den Namen Boucon gegeben hatte, mit mehrern tausend Pallisaden umringt, und stellte keine ganz verächtliche Festung vor.

Es dauerte ziemlich lange, ehe man nur die Gegend dieses Räubernestes ausfindig machen konnte, indem die Sümpfe hier ganz unzugänglich, und die Wälder durch Dornensträuche und niedrige Gewächse aller Art ganz undurchdringlich sind. Endlich gelang es doch der unermüdeten Nachforschung der schwarzen Soldaten oder Jäger, (wie ich sie künftig nennen werde,) den Ort zu entdecken; und ihnen verdankte man nach vielen vergeblichen Versuchen, die Spur der unter Wasser befindlichen Fußsteige, vermittelst welcher man, nach einem großen Gemetzel an beyder Seiten, die Festung eroberte. Baron und die meisten seiner Gefährten entkamen aber in die Wälder, wo sie zehn bis zwölf wackern Jägern, die in den Sümpfen stecken geblieben waren, die Hälse abschnitten, und einem Nase, Ohren und Lippen und ihn so liegen ließen, wo ihn seine Cameraden fanden, bey denen er aber bald starb.

Die=

Dieser Baron war ehemals der Sklave eines Herrn Dahlbergs, aus Schweden, gewesen, dessen Gunst er bald durch seine Geschicklichkeit erlangte, und der ihn im Lesen und Schreiben, und im Maurer-Handwerk hatte unterrichten lassen. Sein Herr hatte ihn auch mit nach Holland genommen, und ihm seine Freyheit versprochen, sobald sie wieder nach Surinam kämen. Herr Dahlberg ward aber wortbrüchig, und verkaufte ihn bey seiner Zurückkunft an einen Juden, bey dem zu arbeiten sich Baron hartnäckig weigerte, und dem zufolge verurtheilt ward, unter dem Galgen gepeitscht zu werden. Diese Behandlung empörte den Neger auf das heftigste. Er schwur allen Europäern ohne Ausnahme Rache, flüchtete nach den Wäldern, und stellte sich an die Spitze der Rebellen; sein Name wurde in kurzem furchtbar, und mehr als alten seinem ehemaligen Herrn Dahlberg, denn er hatte feyerlich geschworen, er würde nicht in Frieden sterben, ehe er nicht seine Hände in dem Blute des Tyrannen gebadet hätte.

Auf den ersten Anblick wird es vielleicht befremdend scheinen, daß die schwarzen Jäger einen so bittern Haß gegen ihre Freunde und Landsleute faßten, und so unermüdet nach ihren Verderben trachten. Wenn man indessen erwägt, daß die Freyheit der Lohn ihrer Thaten war, und daß diese Freyheit mit der Einwilligung der Europäer

ropäer sicherer und zuverläßiger war, als die ungewisse Flucht in die Wälder, so wird man wohl begreiflich finden, daß Menschen, die unter einem so schweren Joche seufzten, gern jedes Mittel ergriffen, um es abzuschütteln. Uebrigens sobald sie einmal zu der Fahne geschworen hatten, blieb ihnen nichts übrig, als mit verzweifeltem Muthe zu kämpfen; denn nun wurden sie von jener Parthey, als die schwärzesten Verräther betrachtet, und eine Niederlage brachte ihnen nicht allein den gewissen Tod, sondern auch noch die größten Qualen zuwege. An der einen Seite lachte ihnen also Glück und Freyheit, und ein mislicher Ausgang stürzte sie in das tiefste Verderben.

Die Einnahme von Boucon ward als ein entscheidender Streich gegen die Rebellen betrachtet, und man schmeichelte sich nunmehr mit dem glücklichen Ausgange des Unternehmens; die ganze Niederlassung wetteiferte mit einander, um sowohl den Schwarzen als den Truppen der Colonie ihre Zufriedenheit über ihr tapfres Verhalten zu beweisen, und sie durch allerley Auszeichnungen zu belohnen, und in dieser Lage befanden sich die Sachen, als unser kleines Geschwader vor Paramaribo die Anker fallen ließ.

Viertes Kapitel.

Die jetzt in der Colonie herrschende Ruhe schien unsre Ankunft sehr überflüßig zu machen, und es hatte eine geraume Zeitlang das Ansehen, als ob wir nur diese weite Seereise unternommen hätten, um hier unsre Tage in einem fortwährenden Kreislauf von Zerstreuungen und Lustbarkeiten hinzubringen. In diesem Zeitpunct war es, wo ich eine Bekanntschaft machte, die in der Folge zu viel Einfluß auf alle meine Schicksale in diesem Lande hatte, als daß ich sie mit Stillschweigen übergehen könnte. Meine Jugend und ein gefühlvolles Herz müssen meine Apologie bey dem Leser machen, daß ich es wage, ihn von Dingen zu unterhalten, die vielleicht die Klugheit erfordert hätte, ganz zu verschweigen.

Ich pflegte alle Morgen in dem Hause eines Herrn Demelly, Sekretairs beym Policeywesen, zu frühstücken, und hier war es, wo ich zum erstenmal ein reizendes Mulattomädchen erblickte, die sogleich meine ganze Aufmerksamkeit auf sich zog. Johanna war nur funfzehn Jahr alt, etwas mehr als mittler Größe, und besaß bey dem vollkommensten Ebenmaaß der Gestalt die größte Grazie in allen Bewegungen. In ihrem Gesicht herrschte der reinste Ausdruck angebohrner Sittsamkeit und süßer Freundlichkeit, und auf ihren schwarzen, großen Augen stralte unverkennbar die

Güte ihres Herzens. Ihrer dunklen Farbe unerachtet färbten sich ihre Wangen doch bey der kleinsten Veranlassung mit der feinsten Röthe; ihre Nase war zwar klein, aber vollkommen gut gebildet, und ihre etwas vorstehende Lippen zeigten, sobald sie solche öfnete, zwey Reihen von blendend weissen Zähnen; ihr Haar von dem dunkelsten Braun, an Schwarz gränzend, floß in zierlichen kleinen Locken dicht um den ganzen Kopf, und war mit Blumen und goldnen Flittern geschmückt; am Hals, am Arm und Beinen trug sie goldne Ketten, Ringe und Medaillen; ihr ganzer Anzug bestand in einem Rocke, vom feinsten bunten Zitz, und in einem Schaul von schönem indischen Musselin, der nachläßig über ihre glänzenden Schultern geworfen war, und sittsamlich einen Theil ihres schönen Busens verhüllte. Kopf und Füße waren unbedeckt, und in ihrer zarten Hand hielt sie einen feinen Biberhut, der um den Kopf mit einer silbernen Tresse eingefaßt war. Daß diese schöne, geschmückte Gestalt meine Aufmerksamkeit an sich zog, wird wohl keinem befremden; und eben so wenig, daß ich sogleich Madam Demelly fragte, wer sie wohl seyn könnte, da sie auf eine so ausgezeichnete Art erschien.

Von ihr erfuhr ich, sie sey die Tochter eines angesehenen Mannes, Namens Krupthoff, die ihm eine Schwarze, Namens Cery, die Sclavin hin eines Herrn D. B. auf seinem Guthe Falkenberg, an dem Flusse Comawina, nebst vier andern Kindern, gebohren hatte,

Vor einigen Jahren hatte Herr Krupthoff dem Herrn D. B. mehr als tausend Pfund Sterling geboten, um die Freyheit seiner Kinder zu erlangen, indem diese in Surinam immer mit der Mutter gehen, und wenn diese eine Sclavin ist, das Eigenthum ihres Herrn bleiben, wenn sie ihr Vater, und wäre es auch ein Fürst, nicht loskauft. Die grausame Verweigerung dieses billigen Vorschlages machte auf den unglücklichen Vater einen solchen Eindruck, daß er wahnsinnig wurde, und zwey Knaben und drey schöne Mädchen, von denen Johanna die älteste war, in der Sclaverey und der Willkühr eines Tyrannen hinterließ.

Die goldnen Medaillen und andern Zierrathen, fuhr Madam Demelly fort, mit denen sie Johannen geschmückt sehen, sind Geschenke, welche ihre treue Mutter, (die eine sehr wackere Frau, und unter ihren Landsleuten von einigem Ansehen ist,) von ihrem Geliebten, dem sie immer mit der zärtlichsten Neigung zugethan war, kurz vor seinem Tode erhielt.

Herr D. B. erhielt indeß den gerechten Lohn seiner Grausamkeit; seine Härte hatte alle seine geschicktesten Neger gezwungen, in die Wälder zu flüchten, wodurch er zu Grunde gerichtet, und genöthigt ward, die Colonie zu räumen, und seine Güter in den Händen seiner Gläubiger zu lassen. Mittlerweile war ein braver Sambre, Abkömmling eines Mulatten und Neger, einer von jenen unglücklichen Flüchtlingen, Namens Jolycoeur, durch seinen Fleiß der Erhalter Cerys und ihrer Kinder. Gegenwärtig befindet er sich im Lager der Rebellen, ist der erste von Barons Capitainen, und athmet heisse Rache gegen alle Christen.

Madam D. B. ist noch in Surinam, indem man sie wegen ihres Mannes Schulden arretirt hat, bis Falkenberg verkauft werden kann. Sie wohnt jetzt in meinem Hause, und die unglückliche Johanna, der sie aber mit vorzüglicher Liebe und Zärtlichkeit begegnet, begleitet sie.

Ich dankte meiner Freundin, in deren Augen schöne sympathetische Thränen glänzten, für ihre Erzählung, und gieng mit schwerem, gepreßtem Herzen nach Hause. Meine Einbildungskraft stellte mir die reizende Johanna in der Gewalt eines barbarischen Sclaventreibers vor, der sie alle Kränkungen und Mishandlungen erdulden ließ, die hier das Loos der meisten Unglücklichen sind, die das Schicksal ihrer Freyheit beraubte, und ich fluchte in meinem Innersten dem Herrn D. B., dessen Tyranney sie einem zärtlichen Vater vorenthielt, der diese zarte Blume zu ei=

einer Zierde der menschlichen Gesellschaft hätte ausbilden können.

Jede Vorstellung vermehrte meinen Trübsinn, und dieser wirkte so mächtig auf meine Gesundheit, daß ich mich in vier und zwanzig Stunden ganz eigentlich krank fühlte. Gerade um diese Zeit brachte man mir von unbekannter Hand eine Flasche mit herzstärkenden Tropfen, einige eingemachte Tamarinden und einen Korb voll schöner Apfelsinen. Erstere nebst dem Verlust von etwa zwölf Unzen Blut dienten dazu, mich soweit wieder herzustellen, daß ich in einigen Tagen die Einladung des Capitain Macneyl annehmen konnte, der mich dringend bat, mit ihm seine schöne Plantage Sporkesgift zu besuchen.

Wir reiseten dahin in einer schönen, großen, bedeckten Gondel, die von acht starken Negern gerudert wurde, indem es allgemein üblich ist, hier alle Reisen zu Wasser zu machen. Die Ruderer halten nie ein, sondern rudern ununterbrochen fort, von dem Augenblick, wo man einsteigt, bis man wiederum landet, und wenn auch die Reise vier und zwanzig Stunden dauern sollte, und ohne Rücksicht, ob sie mit oder gegen den Strom fahren. Da nun diese Gondeln leicht gebaut sind, und bisweilen zehn bis zwölf Ruderer haben, die, um den Takt zu halten, beständig singen, so kommt man unglaublich schnell weiter, und sobald man an Ort und Stelle ist,

stür=

stürzen sich alle Neger, wenn sie auch noch von Schweiß triefen, in den Fluß, um sich abzukühlen.

Unterweges kamen wir bey einer Menge schöner Pflanzungen vorbey, unter denen sich aber die Cacao-Plantage, Alkmaer genannt, am Fluß Comawina, eben so sehr durch ihre Schönheit auszeichnete, als die vortrefliche Besitzerin, Madam Godefery, durch ihre Güte.

Gleich nach unserer Ankunft in Sporkesgift hatte ich die Freude, eine Handlung der Gerechtigkeit ausüben zu sehen, die mir viel Freude machte. Herr Macneyl verabschiedete nemlich seinen Aufseher, der durch seine Grausamkeit den Tod von drey bis vier Sclaven veranlaßt hatte, und um die Freude über seine Entlassung vollständig zu machen, bekamen die sämmtlichen Neger einen Feyertag, den sie mit Tanzen und Singen auf dem grünen Rasen vor dem Hause zubrachten.

Das Urtheil über den Aufseher wurde durch den Umstand noch kränkender, daß gerade, da es ihm angekündigt wurde, ein Negerknabe beschäftigt war, ihm die Schuhe zuzuschnallen, und dieser sogleich Befehl erhielt, ihm seine Schuhe selbst zuschnallen zu lassen. Das edle Verfahren des Gutsherrn, die Freude der Neger, die reine, heitere Landluft und die gastfreye Bewirthung unsers Wirths wirkten so sehr auf meine Lebens-

gei-

geister, daß ich, wo nicht ganz gesund, doch sehr gestärkt nach Paramaribo zurückkehrte. Die Gerechtigkeit, mit der ich das Gute erwähnt habe, erfordert indeß, daß ich einen Umstand auch nicht verhehle, der einen Schatten auf die Menschlichkeit selbst meines Freundes Macneyl wirft. Ich bemerkte nemlich, daß, während die andern Neger munter umher sprangen und hüpften, ein schöner, junger Schwarzer sehr lahm herum hinkte, und erkundigte mich, wie er zu diesem Schaden gekommen wäre. Da erfuhr ich mit Erstaunen von dem Wirth, daß weil dieser Neger zu wiederholtenmalen von der Arbeit entlaufen sey, habe er sich genöthigt gefunden, ihn zu lähmen, indem er ihm die große Sehne oberhalb der einen Ferse habe durchschneiden lassen. So hart dieser Zug von Despotismus scheinen mag, so ist er leider doch nur geringe, in Vergleichung mit andern Grausamkeiten, die ich in der Folge werde erwähnen müssen.

Bey meiner Zurückkunft in Paramaribo bekam ich einen Hautausschlag, den die Colonisten hier den rote Hond nennen, und dem die neuen Ankömmlinge aus Europa häufig unterworfen sind. Man hält es jedoch für ein Zeichen künftiger guter Gesundheit. Die Haut wird dabey durch eine Menge kleiner Blätterchen roth wie Scharlach, und man empfindet ein unerträgliches Jucken, vorzüglich unter den Strumpfbändern,

dern, oder in Gegenden, wo der Blutumlauf einigermaßen gehemmt ist.

Um diese Zeit unternahm der Oberste Fourgeoud zu Wasser eine kleine Reise, um die Ufer des Comawina und Cottica ein wenig zu recognosciren, im Fall unsere Truppen noch Dienste thun müsten.

Da wir indessen noch immer müßig waren, machte ich auch eine zweyte kleine Ausflucht mit Herrn Carl Ryndorp, der mich in seiner Gondel nach vier schönen Caffee-Plantagen, und einer Zuckerpflanzung führte. Diese Reise machte mir viel Vergnügen, auf der Plantage Schonort aber sahe ich einen Anblick, der alle meine Freude verdarb.

Die Veranlaßung dazu war folgendes: Ein wackerer, alter Neger wurde, wie er glaubte, ungerechterweise verurtheilt, einige hundert Streiche von den Peitschen zweyer Negertreiber zu bekommen; während der Execution führte er einen vergeblichen Streich mit einem Messer nach seinem Verfolger, dem Aufseher und stieß es darauf, bis an den Griff, in seine eigene Eingeweide, welches er wiederholte, bis er hinstürzte. Für dieses Verbrechen ward er, nach seiner Wiederherstellung, verurtheilt, an den Ofen gekettet zu werden, in dem man den schlechten Rum aus den Ueberbleibseln des Zuckers distillirt, um dort in der brennenden Hitze eines beständigen Feuers,

mit

mit Blasen bedeckt, sein quaalvolles Leben auszuhauchen. In diesem Zustande erblickte ich ihn, und nachdem er mir sein Schicksal erzählt hatte, zeigte er mir seine Wunden mit einem verächtlichen Lächeln. Ich gab ihm einen Seufzer und eine kleine Gabe, und nie wird der Unglückliche aus meinem Gedächtniß kommen. Ueberall auf dieser kleinen Reise fand ich die schönsten Aussichten, die größte Eleganz und Gastfreyheit; aber selbst der Anblick der elysäischen Felder könnte nicht den Unmuth zerstreuen, den dieser höllische Feuerpfuhl in meinem Gemüth hervorgebracht hatte.

Gleich nach meiner Zurückkunft hatte ich wiederum neue Beweise, wie unverantwortlich man mit den armen Schwarzen umgeht. Ich speiste bey Herrn Lolkens, und sahe, daß sein Sohn, ein Knabe kaum zehn Jahre alt, einem alten grauhaarigten Negerweibe bey Tische ins Gesicht schlug, weil sie zufällig, indem sie ein Gericht auftrug, sein gepudertes Haar berührte. Ich konnte nicht umhin, den Vater zu tadeln, daß er es ungerügt hingehen ließ, und dieser erwiederte lächelnd, der Knabe sollte mich nicht länger beleidigen, indem er den andern Tag abreisen würde, um in Holland erzogen zu werden, worauf ich bemerkte, daß ich es beynahe für zu spät hielte. In eben dem Augenblick gieng ein Matrose bey dem Fenster vorbey, und schlug einem Neger, der den Hut nicht vor ihm abgezogen hatte, den Kopf mit

ei-

einem dicken Knüttel blutig. So geht man in Surinam mit dieser unglücklichen Menschenrace um!

Der Oberst Fourgeoud unternahm jetzt eine zweyte Reise, um den Surinamfluß zu untersuchen.

Täglich starben jetzt fünf bis sechs Matrosen von den Keuffartheyen- und unsern Transportschiffen. Das unglückliche Schicksal dieser Leute kann ich nicht unbemerkt lassen, indem sie in diesem brennenden Clima mit schwerern Lasten, als selbst die Negersclaven, belegt werden. Tag und Nacht müssen sie große, mit Zucker und Caffee beladene, platte Fahrzeuge den Fluß hinauf- und hinabrudern, und dabey den brennenden Sonnenstrahlen oder ganzen Regenströmen ausgesetzt seyn; außerdem aber ist es ihre Schuldigkeit, jeden Glückspilz von Pflanzer, wenn er ruft, nach seinem Gute zu rudern, welches diesen Herren eine Anzahl Neger erspart, und ihnen doch nichts kostet, indem sie den armen Matrosen nicht einmal mit einem Trinkgeld lohnen, und diese, um den Hunger und Durst zu entgehen, von den Negern einige Pisangs und Bananen erbetteln müssen, welche nebst Apfelsinen und Wasser ihre hauptsächlichste Nahrung ausmachen; eine Diät, die sie in kurzer Zeit von allen Uebeln befreyt, und jenseits des Grabes an Land setzt. Wenn sie nun die Waaren ans Land geschaft haben, müssen sie solche noch wie die

Pferde

Pferde nach den entfernten Magazinen ziehen, und im Schweiße gebadet die ärgsten Schimpfreden und sogar thätliche Mishandlungen erdulden, indeß einige Neger nebenher gehen, aber auf ausdrücklichen Befehl ihrer Herren nicht arbeiten dürfen, welches sie übrigens gern thäten, um die erliegenden Matrosen abzulösen. Die Pflanzer gebrauchen sie sogar, ihre Häuser anzumahlen, ihre Fenster abzuwaschen, und tausend andre geringe Dienste zu verrichten, die keinen Seemann zukommen. Alles dieses geschieht, um ihren Negern die Arbeit zu erleichtern, wodurch Hunderte von Europäern aufgerieben werden, die noch lange ihrem Vaterlande die nützlichsten Dienste hätten leisten können. Sollte sich aber ein Capitain einfallen lassen, seine Leute zu solchen Dienstleistungen zu verweigern, so würde er den Unwillen aller Pflanzer auf sich ziehen, und sein Schiff könnte im Hafen verfaulen, ehe er eine Ladung bekäme. Das Unglück dieser armen Leute ist auch so drückend, daß ich selbst einen Matrosen habe sehnlichst wünschen hören, er wäre als ein Neger gebohren, und daß man ihn bey dem Anbau einer Caffee=Pflanzung brauchen möge.

Ich benutzte jetzt die erste Gelegenheit, um mich bey Madam Demelly nach der liebenswürdigen Johanna zu erkundigen, und erfuhr von ihr, Madam D. B. habe sich unter dem Schutz

des

des Capitain van de Velde auf das Kriegsschiff Boreas geflüchtet, welches nach Holland
abgesegelt sey, ihre junge Mulattin aber wäre
jetzt bey einer Tante, die eine freye Frau sey, wo
sie aber stündlich befürchten müsse, abgeholt und
nach Falkenberg abgeliefert zu werden, in die
Klauen eines sittenlosen Aufsehers, den die Gläubiger ernannt hätten, bis das Gut nebst allem
Zubehör für ihre Rechnung verkauft werden
könnte. Großer Gott! was empfand ich bey
dieser Nachricht; ich flog nach dem bezeichneten
Orte, und fand Johanna in Thränen schwimmend. Sie gab mir einen Blick, den ich nie
vergessen werde, und von dem Augenblick an beschloß ich, sie gegen jede Mishandlung zu schützen, und ich hielt Wort. Von ihr eilte ich zu
Herrn Lolkens, der glücklicherweise Administrator des Falkenbergischen Gutes war. Ich bat
ihn um seinen Beystand, und eröfnete ihm meinen Plan, Johanna zu kaufen und zu erziehen.
Er lächelte über meinen Einfall, war aber doch
sogleich bereit, mir zu dienen, und ließ die schöne Sclavin nebst ihrer Tante rufen.

Zitternd erschien sie vor uns und gestand jetzt
beschämt, daß sie es gewesen sey, die mir im
Merz jene Erfrischungen heimlich gesandt habe,
und zwar aus Dankbarkeit für meine mitleidigen Aeusserungen über ihren unglücklichen Zustand. Dennoch verwarf sie mit der ausgezeich-
nete-

netesten Feinheit den Vorschlag, unter irgend einer Bedingung die Meinige zu werden. Sie sähe zum voraus, sagte sie, daß, wenn ich bald nach Europa zurückkehren müste, würde sie entweder auf ewig von mir getrennt werden, oder wenn sie mich begleitete, in einem fremden Welttheil, ihres niedrigen Standes wegen, mir oder sich selbst viel Ungemach zuziehen, und also auf alle Fälle elend seyn. Da sie fest in diesen Gesinnungen beharrte, erlaubte man ihr sogleich, sich hinwegzubegeben und wieder zu ihrer Tante zu gehen, und mir blieb nichts übrig, als Herrn Lolkens um seinen großmüthigen Schutz anzuflehen, daß sie wenigstens noch einige Zeitlang von den übrigen Sclaven getrennt und in Paramaribo bliebe, und seine Menschlichkeit bewog ihn, mir diese Bitte zu gewähren.

Den 30sten April kam die Nachricht an, daß die schwarzen Jäger ein Dorf der Rebellen entdeckt und angegriffen, und drey Gefangene gemacht hätten, deren rechte Hände sie abgehauen und geräuchert dem Gouverneur zum Beweis ihrer Tapferkeit und Treue sandten.

Diese Nachricht brachte den Obersten sogleich von dem Surinamflusse zurück, weil er erwartete, daß man ihn nunmehr in Activität setzen würde; zu unserm großen Erstaunen aber blieb alles ruhig, und jeder von uns konnte seine Zeit hinbringen, wie es ihm am besten dünkte. Den 4ten

4ten May mußten indessen die Jäger im Fort Zelandia die Revue passiren. Ich war zugegen, und muß aufrichtig gestehen, daß ich nicht leicht Truppen gesehen habe, die ein mehr martialisches Ansehen gehabt hätten, als diese schwarzen Krieger, und daß ihr Anblick mir, als einem Soldaten eine wahre Freude machte. Sie erhielten hier nochmals den Dank des Gouverneurs für ihr Wohlverhalten, und wurden ausserdem auf öffentliche Unkosten mit einem ländlichen Fest bewirthet, an dem ihre Weiber und Kinder Theil nahmen, wobey viele der angesehensten Familien zugegen waren, und die Freude ihrer schwarzen Freunde mitgenossen.

Das Kriegsschiff Westerlingwerf segelte jetzt auch nach Holland zurück, und da der Boreas uns schon vor einiger Zeit verlassen hatte, schien es, als ob man uns bald gebrauchen würde. Wir hatten in der That viele Gründe, um entweder dieses, oder unsre baldige Rückkehr zu wünschen; denn nicht allein unsre Officiere sondern auch die Gemeinen fiengen an die entnervenden Wirkungen dieses ungesunden Climas zu empfinden. So wie die armen Matrosen durch schwere Arbeit und schlechte Pflege aufgerieben wurden, so wurden die Soldaten die Opfer des Müßiggangs und der Ausschweifung, und sechs bis sieben starben oft an einem Tage, so daß man nur zu deutlich sahe, wie gefährlich jeder Ueberfluß im Genuß

nuß der Gesundheit unter diesem Himmelsstrich wird.

So sehr ich dieses einsahe, so bedurfte ich doch einer traurigen Erfahrung, um mir meine Kenntniß zu Nutze zu machen. Meiner ehemaligen Vorsätze, eingezogen zu leben, uneingedenk, stürzte ich mich von neuem in einen Kreislauf von Zerstreuungen. Ich ward ein Mitglied einer Trinkgesellschaft, und nahm Theil an allen feinen und unfeinen Vergnügungen. Ich entgieng auch der verdienten Strafe nicht, bald nachher bekam ich ein heftiges Fieber, und in wenigen Tagen zweifelte man an meinem Aufkommen. In diesem Zustand lag ich bis zum 17ten in meiner Hangmatte, ohne einen Freund um mich zu haben, und allein der Sorgfalt eines Soldaten und meines schwarzen Knaben Quako überlassen; diese und andere Krankheiten waren unter den Officieren so allgemein, daß jeder mit sich selbst zu schaffen hatte, und selbst die vertrautesten Freunde einander nicht besuchen konnten. Dies gilt aber nicht von den Einwohnern des Landes, die ohne Zweifel zu den gastfreyesten Menschen in der Welt gehören. Diese Menschenfreunde versorgen die Kranken nicht allein überflüßig mit allerley Erfrischungen und herzstärkenden Mitteln, sondern füllen auch sein Zimmer von Morgen bis in die Nacht mit einer Schaar von Tröstern, die in einem fort bedauern, verschreiben, zusprechen und

theil-

theilnehmen, bis der Patient anfängt zu agonisi-
ren und stirbt. Dies wäre auch gewiß mein Schicksal gewesen, zwischen den beyden äußersten Gra-
den der Vernachläßigung und überlästigen Zudring-
lichkeit, wenn nicht Johanna sich meiner angenommen hätte; dieses gute Mädchen trat eines
Morgens, zu meiner unbeschreiblichen Freude und
zum gröſten Erstaunen, mit einer von ihren
Schwestern in mein Zimmer. Sie sagte mir,
sie hätte meinen verlassenen Zustand erfahren,
und wenn ich noch die ehemalige gute Meynung
von ihr hegte, wäre ihre einzige Bitte, daß ich
ihr erlauben möchte, mir aufzuwarten, bis ich wieder hergestellt wäre. Ich nahm ihr Anerbieten
mit wahrer Dankbarkeit an, und war so glücklich, in kurzem durch ihre unermüdete Sorgfalt
und Pflege meine Gesundheit so weit wieder zu
erlangen, daß ich in wenig Tagen in dem Wagen eines meiner Freunde ausfahren konnte.

Bisher hatte ich nur Freundschaft für Johannen empfunden, nunmehr aber fühlte ich,
daß ich ihr Gefangner sey; ich erneuerte ihr meine Vorschläge, sie zu kaufen, zu erziehen, und mit
nach Europa zu nehmen, aber ungeachtet der
Aufrichtigkeit meiner Anerbietungen verwarf sie
solche, mit dieser bescheidenen Erklärung:

Ich bin als eine niedrige, verächtliche Sklavin gebohren; eine zu große Achtung für mich von
ihrer Seite, würde sie nur bey ihren Freunden und

Ver-

Verwandten herabsetzen; und meine Freyheit zu erkaufen, würden sie schwierig, kostbar, vielleicht unmöglich finden. Wenn ich aber gleich eine Sklavin bin, so habe ich dennoch eine Seele, die der eines Europäers nichts nachgiebt, und ich erröthe nicht zu gestehn, daß ich den vor allen schätze, der mich vor allen meines unglücklichen Standes ohngeachtet so auszeichnete. Sie haben mich bemitleidet, mein Herr, und nun soll es, unabhängig von jeder andern Rücksicht, mein Stolz seyn, mich Ihnen zu Füßen zu werfen, bis das Schicksal uns trennt, oder sie mich unwerth finden.

Diese Worte sagte sie mit einem niedergeschlagenen Blick, indem heiße Thränen auf ihre Brust fielen. Von dem Augenblick an war dieses trefliche Geschöpf mein, und nie hat mich gereut, was ich für sie gethan habe.

Noch muß ich einen Beweis ihres Edelmuths anführen; ich hatte ihr verschiedne Geschenke gemacht, die etwa zwanzig Guineen an Werth betrugen, und erstaunte nicht wenig, den andern Tag mein Gold wieder auf dem Tisch zu finden, indem Johanna die Waaren dem Kaufmann wieder hingetragen hatte, welcher gefällig genug war, das Geld wieder herauszugeben.

Ihre großmüthigen Absichten, sagte sie zu mir, sind mir hinreichend bekannt; aber erlauben sie mir, ihnen zu sagen, daß ich jede überflüßige Ausgabe für mich als eine Verminderung der guten Meynung betrachte, die sie jetzt, und wie ich hoffe immer von meinem uneigennützigen Charakter hegen werden.

Dies war die Sprache einer Sclavin, welche die Natur zur einzigen Lehrmeisterin gehabt hatte. Der reine Adel dieser Gesinnungen bedarf keines weitläuftigen Commentars, und ich fand mich jeden Augenblick in meinem Vorsatz, dieses schöne Naturell auszubilden, mehr befestigt.

Diese innige Achtung ihrer hohen Tugenden, Dankbarkeit für ihre Gesinnungen gegen mich, und das Vergnügen der Welt, einen so schätzbaren Charakter in der Hülle einer Sclavin vorzustellen, haben mir Muth gemacht, mich dem Tadel meiner Leser bloszustellen, indem ich sie von Dingen dieser Art unterhalten habe; und diese Bewegungsgründe müssen auch meine Apologie bey ihnen machen.

Den ersten Tag, da ich wieder ausgehen konnte, besuchte ich gegen Abend Herrn Demelly, der mir nebst seiner Frau zu meiner Genesung Glück wünschte, wie auch lächelnd zu dem, was sie meine Eroberung zu nennen beliebten. Eine andere Dame in der Gesellschaft versicherte, ich würde von manchen getadelt, von mehrern gelobt, und im Grunde von allen beneidet. Ein kleines, anständiges Hochzeitfest, bey dem sich viele unsrer angesehensten Freunde einfanden, endigte diese kleine Geschichte, ich war so glücklich, als

je

je ein Bräutigam war, und schließe hiemit einen Abschnitt, der vielleicht vielen meiner Leser sehr überflüßig scheinen mag.

Fünftes Kapitel.

Den 21sten May starb unser Oberstlieutenant Lantman, und eine große Anzahl Officiers lagen gefährlich krank.

An die Stelle der fröhlichen Geselligkeit hatte sich jetzt Krankheit und Tod unter uns eingedrängt, und die Sterblichkeit unter dem gemeinen Mann nahm in einem solchen Maaße überhand, daß die ernstlichsten Besorgnisse darüber entstanden. Die Ueberreste des verstorbenen Officiers wurden mit allen militairischen Ehrenbezeugungen in der Mitte von Fort Zelandia zur Erde bestattet; wo man auch alle Verbrecher verhaftet, unter denen ich mit nicht geringem Schauder die gefangenen Negerrebellen sahe, die mit ihren Ketten klirrten, und Yams und Plantains auf den Gräbern rösteten. Aus diesen dunklen Zellen der Verzweifelung wurden an eben diesem Tage sieben Neger auserwählt, die einige Soldaten nach dem Gerichtsplatz in der Sawannah begleiteten, wo sechs gehangen und einer gerädert wurde, und zugleich ward ein Weißer vor dem Rathhause öffentlich von dem Scharfrichter, der hier immer ein Schwarzer ist, ausgepeitscht.

peitſcht. Was mir dieſe Begebenheit ſo merkwürdig machte, war die ſchimpfliche Partheylichkeit, mit welcher man den Europäer zu einer leichten, körperlichen Strafe verurtheilte, indeß der Schwarze für das nemliche Vergehen, (einen Gelddiebſtahl aus dem Rathhauſe) ſein Leben unter Qualen aushauchen muſte, die er mit der gröſten Standhaftigkeit ohne einen Seufzer ertrug. Noch muß ich bemerken, daß der Neger, der den Weiſſen peitſchte, mit allen Aeußerungen des gröſten Mitleidens ſein Amt verrichtete. Ich konnte daher auch nicht umhin, die gebildeten Europäer für ungleich gröſſere Barbaren als die rohen Neger zu erklären.

Als ich meine Meynung hierüber äußerte, und mein Erſtaunen über den unerſchrockenen Muth der Neger bezeigte, näherte ſich mir ein anſtändig gekleideter Mann, und ſagte: ich ſehe, mein Herr, daß ſie nur erſt neuerlich aus Europa angekommen ſind, weil ſie bey dieſer Gelegenheit ſo viel Gefühl und Verwunderung äußern. Was ſie hier ſehen, ſind nur gemeine Strafen; ich aber habe noch vor kurzem einen Neger lebendig an einem eiſernen Haken an den Rippen von einem Galgen herabhängen ſehen. In dieſem Zuſtande mit Kopf und Füßen herabhängend lebte er noch drey Tage, und fing mit ſeiner lechzenden Zunge die Regentropfen auf, die über ſeine aufgeſchwollene Bruſt herabfloſſen.

Dem

Dem ungeachtet klagte er nie, sondern strafte noch einen Neger, der unter dem Galgen gepeitscht wurde und dabey schrie, mit den Worten: Da cay fasy? bist du ein Mann? du beträgst dich wie ein Knabe. Bald nachher ward er von der mitleidigen Schildwache, die bey ihm stand, mit dem Flintenkolben erschlagen. Einem andern Neger habe ich lebendig viertheilen sehen, nachdem man ihm zuvor unter allen Nägeln an Händen und Füßen eiserne Stifte geschlagen hatte, alles dieses ertrug er ohne einen Seufzer, und nachdem man ihn an Armen und Beinen an vier Pferde befestigt, forderte er noch einen Schluck Rum, und hieß sie frisch darauf losziehen, am meisten aber, fuhr mein Erzähler fort, belustigten uns des Kerls Späße, indem er den Henker bat, vor ihm zu trinken, im Fall daß etwa Gift in dem Glase wäre, und ihn ermahnte, auf seine Pferde Acht zu geben, daß sie nicht hinten ausschlügen. Aber alte Männer lebendig rädern und junge Weiber an einem Pfahl gebunden lebendig braten sehen, ist hier ganz gewöhnlich. Diese unmenschliche Erzählung machte mein ganzes Blut erstarren, ich eilte mit Verwünschungen von dem teuflischen Schauplatz dieser Martern und verschloß mich in meinem Zimmer.

Den 24sten erhielten wir aus Holland einen neuen Vorrath von Lebensmitteln, und da wir der Colonie durchaus keine Dienste leisteten, und den-

dennoch einen großen Kostenaufwand verursachten, ward einmüthig beschlossen, daß wir nach Hause zurückkehren sollten. Die Transportschiffe erhielten also zum zweytenmale Befehl, sich mit Holz und Wasser zu versehen, und alle nöthigen Zurüstungen zur Heimfarth zu machen.

Ich übergehe meine Empfindungen bey dieser Gelegenheit; glücklicherweise blieb ich nicht lange in diesem ungewissen Zustande, denn am folgenden Tage erhielt man Nachricht, daß die Rebellen wiederum eine Plantage überfallen, und die Aufseher ermordet hatten, welches den Gouverneur und die Einwohner bewog, uns zum zweytenmal zu ersuchen, da zu bleiben. Die Transportschiffe wurden also wieder ausgeladen, und die Lebensmittel nach einem Magazine bey dem Hauptquartier geschickt.

Die Aussicht, daß wir endlich wirkliche Dienste leisten würden, beruhigte die ängstlichen Sorgen der Einwohner über diesen neuen Ausbruch der Unruhen, und gewährte dem Regiment eine nicht geringe Freude.

Diese war aber von kurzer Dauer, denn nach einigen Tagen meldete man uns, am 7ten Junius, zu unserm unbeschreiblichen Erstaunen, daß, da alles wieder ruhig schiene, bedürfe man unsrer Dienste nicht weiter.

Dieses sonderbare Hin= und Herschwanken machte viel Aufsehen, und erregte allgemeines

Miß=

Misvergnügen; doch waren die Meynungen darüber sehr verschieden. Einige schoben die ganze Schuld auf den Gouverneur, und beschuldigten ihn der Eifersucht über die ungemeßne Gewalt, welche man dem Obersten Fourgeoud anvertraut hatte, andre hingegen trugen eben so wenig Bedenken, den Uebermuth des Letztern zu tadeln, und uns mit den egyptischen Heuschrecken zu vergleichen, welche gekommen waren, die Früchte des Landes zu verzehren.

An dem eben erwähnten Tage befand ich mich nebst einer zahlreichen Gesellschaft auf einem Gastmahl am Bord eines holländischen Schiffes in der Rhede, als plötzlich die ganze Versammlung durch die fürchterlichsten Donnerschläge, die ich je gehöret habe, in Schrecken gesetzt wurde. Verschiedene Neger und einiges Vieh ward vom Blitze getödtet, und in der Folge erfuhr man, daß zu eben der Zeit die Stadt Guatimala in Alt Mexico von einem Erdbeben zerstört worden, wobey mehr als achttausend Familien umkamen.

Den 11ten erhielten die Schiffe von neuem Befehl, sich zur Abreise zu rüsten, und nunmehr machte jeder von uns im völligen Ernst Anstalten, dieses Land zu verlassen. Den 15ten entstand aber wieder ein Allarm, der andre Maasregeln nothwendig machte, indem Nachricht gebracht wurde, daß ein Officier von den Truppen der Colonie, nebst seiner ganzen Parthey von etwa

drey=

dreyßig Mann, von den Rebellen wäre getödtet worden. Dies verbreitete ein allgemeines Schrecken in der ganzen Stadt.

Dieser junge Mann, welcher Lieutenant Lepper hieß, und viel Muth und Entschlossenheit, aber weniger Ueberlegung besaß, hatte sich sein trauriges Schicksal selbst zugezogen. Man hatte nemlich in der Nachbarschaft des Marawinaflusses ein Dorf der Negerrebellen entdeckt, worauf er sogleich den Entschluß faßte, mit einem kleinen Detaschment durch die Wälder zu dringen, und sie zu überfallen. Sein Vorhaben aber ward den Feinden durch ihre Spione verrathen, die ihm darauf sogleich entgegen zogen, sich bey einem Sumpf, den er passiren muste, in Hinterhalt legten, und als die Europäer sich eben durch die tiefsten Stellen zu arbeiten suchten, hervor traten und sie ganz gemächlich erschossen, ohne daß diese mehr als einen Schuß erwiedern konnten, durch ihre Lage im Waffer am Laden verhindert. Nur fünf bis sechs entgingen dem Tode, und diese wurden gefangen von den Negern mit fortgeführt. Das traurige Schicksal dieser Unglücklichen, welches ich von Augenzeugen erfuhr, werde ich in der Folge noch bemerken.

Dieser Verlust brachte in Paramaribo alles in Gährung. Einige waren bereit, den Gouverneur und seine Räthe in Stücken zu reißen, weil er das Regiment entlassen hatte, und andre

sag-

sagten gerade heraus, daß unsre Gesellschaft sehr entbehrlich sey, wenn wir nicht mehr Dienste leisteten als bisher. Ein Vorwurf, der uns nothwendig sehr empfindlich kränken muste, da unsre Unthätigkeit nichts weniger als freywillig war. Sie dauerte indeß zu unserm grösten Erstaunen immer fort, und wir musten besorgen, daß Krankheit unser ganzes Corps aufreiben würde, ehe wir den geringsten Theil unsrer Bestimmung erreicht hatten. Hitzige Fieber und fürchterliche Koliken mit den hartnäckigsten Verstopfungen verbunden, nahmen täglich mehr überhand, und viele wurden das Opfer dieser Uebel. Den 21sten verlohren wir an der erstern Krankheit Herrn Reinard, einen unsrer besten Wundärzte, und den 27sten starb allgemein bedauert unser braver Oberstlieutenant von Gersdorf.

Endlich nach so vielen Verzögerungen erhielten alle Officiere und Gemeine Befehl, sich in Bereitschaft zu setzen, bey der ersten Ordre in Dienste zu treten, obgleich unsre Anzahl von fünfhundert und dreyßig Mann bis auf drey Viertel derselben durch Tod und Krankheit zusammengeschmolzen war. Um diesen Verlust zu ersetzen, wählte unser Oberste die sonderbarsten Mittel, und gesellte uns unter andern zwey Neger zu, welche Okera und Gowsary hießen, und Anführer der Rebellen in Berbice gewesen waren, aber wegen der Auslieferung ihres Oberhaupts, Atta,

Pa=

Pardon erhalten hatten. Während der Empörung in jener Colonie hatten sie die unmenschlichsten Mordthaten an den Europäern begangen, und sich überhaupt durch die grösten Grausamkeiten ausgezeichnet; nichts destoweniger aber wurden sie nun die Lieblinge unsers Befehlshabers.

Wir rüsteten uns nunmehr ernstlich zum Kampf gegen die Rebellen; zu welchem Ende man uns auf einigen alten baufälligen Gefäßen einschifte, die statt des Verdecks und durch einige leicht zusammengeschlagene Bretter die Sonne abhielten. Dies gab ihnen völlig das Ansehen von Särgen, und wie sehr sie diese Benennung verdienten, wird in der Folge zu deutlich gezeigt werden.

Den 1sten Julius wurden in einer dieser Barken ein Capitain, zwey Subaltern Officiere, ein Unterofficier, zwey Corporale und achzehn Gemeine nach dem Flusse Comawina abgesandt. Von diesem Capitain erlaube man mir gelegentlich eine kleine Anecdote zu erzählen. Als er den Tag, da wir in der Colonie landeten, das für ihn bestimmte Quartier betrat, kam ihm seine Wirthin mit der Versicherung entgegen, daß sie sich glücklich schätzen würde, einem jeden See= oder Landofficier alle ersinnliche Höflichkeiten zu erzeigen, indem sie einem Manne dieses Standes ihr Leben verdankte. Vor mehrern Jahren, wie sie mit einigen andern in einem offnen Boote mitten

im

im atlantischen Meer herumgetrieben wurde, ward sie glücklich aus der Todesgefahr errettet, nachdem sie sechszehn Tage ohne Segel, Compaß oder Lebensmittel, ein wenig Schiffszwieback und Wasser ausgenommen, im gröſten Elend zugebracht hatte. In der Folge fand es sich, daß es gerade dieser Officier war, welcher sie dem Tode entrissen hatte, der damals Lieutenant auf einem holländischen Kriegsschiffe war.

An eben dem Tage ward eine zweyte Barke mit andrer Mannschaft nach dem Fluß Pirica abgesandt; und gegen Abend, nachdem ich von meiner Johanna Abschied genommen hatte, der ich alle meine Habseligkeiten anvertrauete, sie selbst aber in den Händen ihrer Mutter und Tante ließ, mit dem Auftrage, sie während meiner Abwesenheit unterrichten zu lassen, schiffte ich mich ebenfalls mit vierzig Gemeinen und Officieren auf zwey Barken ein, die nach den obern Gegenden des Cotticaflusses bestimmt waren. Diese Fahrzeuge waren alle mit Drehbassen und Musqueten bewaffnet, und mit Lebensmittel auf einen Monat versehen; dabey war ihre Bestimmung, in den obern Gegenden der obenbenannten Flüsse auf- und abzukreuzen, zu welchem Ende jedes mit einem Lootsen und zehn Negersclaven zum rudern versehen war. Die ganze Mannschaft unter meinem Commando, meinen Negerknaben Quaco mitgerechnet, stieg auf fünf und sechszig

Seelen, von denen nicht weniger als fünf und
dreyßig in meiner Barke eingeschichtet wurden,
indeß die andre unter meinem Lieutenant nur
neun und zwanzig an Bord hatte.

Seitdem wir in Surinam gelandet waren,
hatte man den Gemeinen ihren Sold beständig
in Papiergeld ausgezahlt, um ihnen einen Pro=
fit von zehn Procent gegen Silbermünze zu ver=
schaffen, der Oberste behauptete aber, es ver=
lohnte sich nicht der Mühe, diese Umstände zu
machen, und fuhr daher fort, ihnen ihr Scherf=
lein in Münze auszuzahlen. Eben so wenig lag
ihm der Vortheil seiner Officiere am Herzen,
von denen alle, die jetzt im Dienst ausgeschickt
wurden, fortfahren musten, Tischgelder zu be=
zahlen, welches ihnen an vierzig Pfund Sterling
kostete, dafür aber rechnete man ihnen die Kost
auf den Barken an, die sie gemeinschaftlich mit
den gemeinen Soldaten genossen, und die in Pöckel=
Rind= und Schweinefleisch und Erbsen bestand,
welche etwa zehn Pfund Sterling werth seyn
mochte, wodurch sie einen Verlust von dreyßig
Pfund Sterling erlitten. Einige Bouteillen Wein
ausgenommen wurden ihnen nicht die geringsten
Erfrischungen gereicht, welche Leute doch wohl
verdient hätten, die man nach Gegenden abfer=
tigte, wo nicht auf das geringste zu rechnen war,
mitten in fürchterlichen, undurchdringlichen Wal=
dungen, auf viele Meilen weit von allen Plan=

tagen

tagen entlegen. Die andern Barken waren in einem ganz andern Falle, sie lagen auf Stationen, wo Frieden und Ueberfluß herrschten, und im Angesicht der herrlichsten Plantagen. Auch bedauerte man uns allgemein, und die freygebigen Einwohner von Paramaribo wetteiferten mit einander, mein Fahrzeug mit Erfrischungen zu versehen, um die Unannehmlichkeiten meiner künftigen Lage zu mildern.

Ehe ich die Begebenheiten auf meinen neuen Posten erzähle, will ich zum Schluß dieses Kapitels noch einige Vorfälle anführen, die sich kurz vor meiner Abreise ereigneten, und einige Bemerkungen über einige Erzeugnisse des Landes hinzufügen, die ich vorher, um die Erzählung nicht zu unterbrechen, weglassen muste.

Es ist eine traurige Nothwendigkeit, so oft mein Papier mit Erzählungen unmenschlicher Grausamkeiten zu besudeln, und unmöglich würde ich mich diesem verhaßten Geschäft unterziehen, wäre es nicht in der Hofnung, daß die Bekanntmachung dieser Greuel wenigstens einige ähnliche Handlungen verhüten könnte. Diese Erwartung muß also ein für allemal zu meiner Entschuldigung dienen, wenn ich meine Leser mit so unangenehmen Dingen unterhalte. Die Veranlassung zu obiger Erklärung gab mir folgende Begebenheit: Eine Jüdin ermordete, durch eine ungegründete Eifersucht veranlaßt, (wie ihr

Mann

Mann sehr befriedigend erwies,) eine junge und schöne Indianerin, indem sie ihr ein glühend heißes Eisen in den Leib stieß, und für diese unerhörte That ward die Mörderin nach der Juden Sawannah, (einem Dorfe, welches ich in der Folge beschreiben werde,) verbannt, und verurtheilt, eine geringe Geldstrafe an den Fiscus zu erlegen.

Ein anderer Jude schlug ein junges Negerweib, deren Füße so enge zusammengefesselt waren, daß sie nur mit Mühe gehen konnte, mit einem Rohr zu Boden, und prügelte sie denn, bis das Blut in Strömen aus ihrem Kopfe, Armen und bloßen Seiten floß. Die Einwohner dieses Landes sind im Durchschnitt so an ein tyrannisches despotisches Verfahren gewöhnt, daß ein dritter Israelite sich erfrechte, einen meiner Soldaten zu schlagen, weil er an seinem Gartenzaun sich eines gewissen Bedürfnisses entledigt hatte; aber in diesem Elenden bestrafte ich die ganze Brüderschaft, indem ich den Stock, mit dem er den Frevel begieng, ihm aus der Faust wand, und in tausend Stücken auf seiner kahlen Glaze zersplitterte.

Dieser Vorfall aber hinderte mich nicht, gegen einen andern Juden gerecht zu seyn, dessen Taschen einer von meinen Soldaten geplündert hatte, wofür er aus dem Regiment gepeitscht wurde. Zur Ehre der holländischen Soldaten

muß

muß es auch bemerkt werden, daß jeder unter ihnen die Waffen niederlegen würde, sobald er wüste, daß einer seiner Cameraden ein Dieb wäre.

Die europäischen Thiere, welche man hieher verpflanzt hat, arten in diesem Clima nicht weniger aus, als die Menschen, und sind wie jene, schwach und klein. Vorzüglich schlecht aber sind die Ochsen, deren Fleisch grob und saftlos ist, welches wahrscheinlich von der immerwährenden Ausdünstnng, und der schlechten Beschaffenheit des Grases herrührt. Um diesen Mangel zu ersetzen, lassen sich die hiesigen Leckermäuler oft ein gebratenes Stück Rindfleisch aus Europa kommen. Damit solches auf einer so langen Reise nicht verderbe, wird es in einen blechernen Kasten gepackt, alle Lücken darin dicht mit Fett zugegossen, und alsdann der Kasten von außen überall verlöthet, damit keine Luft hineindringen kann, und so soll man es unbeschädigt um die ganze Welt führen können.

Die hiesigen Schaafe sind so klein, daß sie ausgeschlachtet und ohne Fell nicht größer scheinen, als bey uns ein junges Lamm; dabey haben sie keine Hörner und Wolle, sondern blos grobes schlichtes Haar, und ihr Fleisch ist für einen Europäer eine schlechte Speise, um so mehr, da alle Hausthiere an dem nemlichen Tage geschlachtet und genossen werden müssen, um nicht in Fäulniß überzugehen. Schweine waren hier
eben

eben so wenig, als obige Vieharten, einheimisch, dennoch gedeihen sie in Guiana besser, als selbst in Europa. Sie sind groß, sehr fett, wohlschmeckend und in Menge vorhanden; wie in Europa fressen sie beynahe alles, was man ihnen giebt; auf den Plantagen aber werden sie häufig mit unreifen Ananas gemästet, die hier einheimisch und ihre Lieblingsspeise sind. Federvieh von allen Gattungen ist hier ebenfalls in großer Menge und sehr gut von Geschmack.

Sechstes Kapitel.

Den 3ten Julius, um vier Uhr des Morgens, verließ die kleine Flotte ihre Ankerplätze, und wir ruderten bis nach der Festung Amsterdam, wo Fluth und Wind uns still zu liegen nöthigten.

Bey dieser Gelegenheit will ich mit ein Paar Worten die Kleidung meiner Seesoldaten beschreiben. Diese bestand in kurzen blauen, mit roth aufgeschlagenen Jacken, und ledernen Mützen. Dabey hatten sie Flinten, Säbel und Pistolen, einen großen Tornister queer über eine Schulter geschlungen, und eine Hangmatte über die andre. In den Wäldern aber trugen sie lange Schifferhosen, buntleinene Hemden, und kurze Leinwandkittel, eine Kleidung, die dem Clima am angemessensten war.

An

An diesem Orte unterfuchte ich meine Verhaltungsbefehle, und fand, daß mir aufgetragen war, den Fluß Cottica auf= und abzukreuzen, um den Uebergang der Rebellen über den Fluß zu verhüten, und diese zu greifen oder zu tödten, wo ich könnte, und die Plantagen gegen ihre Plünderung zu schützen.

Da ich jetzt Muße hatte, besuchte ich die Festung Neu-Amsterdam, von der ich hier einige Worte sagen will. Sie ward in den Jahren 1734 bis 1747 auf einem felsigten Grunde erbaut, und ist ein regelmäßiges Fünfeck, mit einem breiten Graben umgeben, welchen der Fluß mit Waſſer verſorgt. Von der Waſſerſeite wird es hauptſächlich durch eine große Schlambank beſchützt, welche ſogar flachgebauten Böten die Annäherung verbietet; diese iſt überdem durch eine ſtarke Batterie gedeckt. Innerhalb seines Bezirks, der an drey engliſche Meilen austrägt, findet man Pulvermagazine, Vorrathshäuser, die mit allen Erforderniſſen wohl verſehen ſind, eine Windmühle und eine Waſſerciſterne, die mehr als tauſend Oxhoft Waſſer enthält. Neben der Festung ist ein großes Feld, mit Yamwurzeln, Bananen u. ſ. w. ſorgfältig beſtellt, zur Nahrung der Sclaven, welche auf Koſten der Colonie unterhalten werden, um an den Feſtungswerken zu arbeiten. An der Nordſeite liegt ein Sumpf und ein undurchdringliches Ge-

Sprengels Ausw. 2. Th.   F   ſträuch,

strauch, welches ehedem das Tigerholz genannt wurde.

Den folgenden Tag ruderten wir bis Elisabethshofnung, einer schönen Caffeeplantage, deren Besitzer Herr Klynhans uns ans Land nöthigte, sehr wohl bewirthete, und meine Barke reichlich mit erquickenden Früchten und frischen Gemüsen versahe. Er sagte uns: er bedaure unsre Lage von Herzen, und prophezeihte uns, welche Uebel wir zu ertragen haben würden, da die Regenzeit vor der Thür wäre, und sich schon durch häufige Güsse und starke Gewitter ankündigte. Was den Feind anbetrift, fuhr er fort, so können sie sich darauf verlassen, daß sie ihn nicht zu sehen bekommen werden; er kennt seinen Vortheil zu gut, um sich öffentlich zu zeigen, weil es ihm gelingen kann, sie heimlich zu belauschen; darum seyn sie ja auf ihrer Huth. Aber das Clima, das Clima wird sie alle unter die Erde bringen. Doch, setzte er lachend hinzu, beweist es den Diensteifer ihres Commandeurs, der sie lieber alle aufopfern will, als daß sie länger ihr Brod mit Sünden in Paramaribo essen sollten. Darauf drückte er uns herzlich die Hand, und wir setzten unsre Reise fort, indeß seine schöne Tochter, heiße Thränen über unser Schicksal vergoß.

Ich erhob hier meine beyden Barken zu dem Range von Kriegsschiffen, und benannte sie Charon roh und Cerberus. Wir fuhren jetzt beständig bey den schönsten Zucker= und Caffeeplantagen vorbey, deren Besitzer uns überall gastfrey bewirtheten. So wie wir weiter hinauf kamen, und der Fluß sich verengte, wurden aber die Pflanzungen seltener, und den 7ten landeten wir auf der letzten, am rechten Ufer des Cottica, Namens Bockstein.

Den 8ten ließen wir unser Anker vor dem Fort S'Lands Welvaren fallen, welches von den Truppen der Societät besetzt war. Ich ging nebst meinen Officieren an Land, um dem Commandeur, Capitain Orzinga, meinen Besuch abzustatten, und drey meiner Leute in sein Hospital abzuliefern. Ehedem führte dieser Ort wegen der erstaunend ungesunden Beschaffenheit der Luft den Namen der Teufelsherberge, mit dem ich ihn in der Folge immer bezeichnen werde, indem er unendlich angemeßner ist, als der S'Lands Welvaren (des Landes Wohlfahrt).

Hier fand ich einige der Unglücklichen, die in dem Treffen entkommen waren, in welchem der Lieutenant Lepper mit so vielen seiner Leute sein Leben verlor. Einer von ihnen erzählte mir die Umstände ihrer wunderbaren Errettung in folgenden Worten: Ich war von einer Flintenkugel in die Brust getroffen, und da Widerstand oder Flucht gleich unmöglich waren, blieb mir zu meiner Rettung kein Mittel übrig, als mich unter die Verwundeten und Todten hinzuwerfen, und unbeweglich liegen zu bleiben. Indem ich hier lag, kam der Anführer der Rebellen gegen Abend, und befahl einem seiner Capitains, den Erschlagenen die Köpfe abzuhauen, um sie als Siegeszeichen mit nach ihrem Dorfe zu nehmen. Dieser hatte auch schon angefangen, und dem Lieutenant und einigen andern die Köpfe abgeschnitten, als er glücklicherweise den Einfall hatte, seinem Freunde zu sagen: die Sonne ist eben im Begriffe unterzugehen, wir müssen diese Hunde bis Morgen lassen; und bey diesen Worten ließ er sein Beil nachläßig auf meine Schulter fallen, indem ich auf meiner blutenden Brust lag, und machte mir jene traurige Wunde, von welcher ich vielleicht nie genesen werde. Demungeachtet lag ich ruhig still, ohne nur zu zucken. Sie gingen hierauf fort mit einigen Köpfen, und fünf bis sechs lebendigen Gefangenen, von denen ich nie weiter gehört habe. Sobald alles still war und die dickste Finsterniß umher herrschte, kroch ich auf meinen Händen und Füßen aus dem Gemetzel und suchte Schutz im Walde, wo ich noch einen Unglücksgefährten fand, der etwas leichter als ich verwundet war. Und nun eilten wir beyde in Schmerzen und verzweifelnd, ohne Wegweiser, ohne Verband und ohne Nahrung, außer einem einzigen schwarzen Brod, zehn Tage umher, bis wir endlich ganz kraftlos, und unsre

faus

faulen Wunden voll lebendigen Ungeziefer auf den Patamacaposten ankamen.

Ich gab dem armen Mann ein kleines Geschenk, und nachdem ich mit dem Capitain die Signale verabredet hatte, ging ich wieder an Bord, um meinen Hauptposten zu erreichen.

Hier sahen wir nichts als Wasser, Wald und Himmel, keine Spur von menschlichen Wesen, und rings umher nichts als schauderhafte Oede und Einsamkeit.

Den 10ten schickte ich den Cerberus aus, um die Gegend auszukundschaften.

Wir versuchten nunmehr unser Essen am Bord zu kochen, und es gelang uns in einem großen mit Erde gefüllten Faß, nachdem einer von meinen Seesoldaten beynahe zu Tode gebrüht, und das Fahrzeug beynahe in Brand gesteckt war. Wir hatten keinen Wundarzt bey uns, ich muste also dieses Amt übernehmen, und mit Hülfe einiger Medikamente, die man mir mitgegeben hatte, wurde unser Soldat bald wieder hergestellt.

Einem ähnlichen Zufall vorzubeugen ließ ich indessen eine offne Stelle am Ufer aufsuchen, wo meine Leute eine Art von Schuppen bauten, unter dem gekocht wurde, indeß umher gestellte Schildwachen uns vor Ueberfälle schützen musten.

Hier blieben wir bis zum 15ten, und schifften dann nach der Teufelsherberge zurück, um

eini-

einige Ausbesserungen meines Fahrzeuges vorzunehmen, weil der Regen schon durch mein Verdeck drang.

Den 17ten kehrten wir nach unserm Posten zurück, nachdem unser Verdeck gehörig kalfatert war; an eben dem Abend rief uns, als es schon sehr dunkel war, die Schildwache zu, sie sähe einen Neger mit einer brennenden Tabakspfeife in einen Boot über den Bach setzen. Dies brachte uns alle auf die Beine, doch bald zeigte sich, daß es nur eines jener leuchtenden Insecten gewesen, die man Laternenträger nennt, und die ein so helles Licht von sich geben, daß wenn man zwey bis drey zusammen hat, man die kleinste Schrift lesen kann.

Den 18ten brachte mir eine Wasserpatrouille vom Cerberus Nachricht, daß die Leute anfiengen zu kränkeln, und am folgenden Tage erfuhr ich, daß gerade auf der Stelle, wo wir unser Essen bereiteten, und welches an der feindlichen Seite war, die Rebellen vor kurzem ein starkes Detaschement abgeschnitten hätten, ich ließ daher unsere Schuppen abbrennen, und befahl, künftig die Speisen am Bord zu kochen.

Hier schienen sich alle Elemente verschworen zu haben, uns den Krieg anzukündigen. Der Regen goß in Strömen vom Himmel herab, drang von allen Seiten in das Fahrzeug, so daß alles darin umher schwamm; die Luft war mit Myriaden ben Musquitos angefüllt, die uns keinen Augenblick verschonten, uns keinen Schlaf vergönnten, und des Morgens mit Blut und Beulen bedeckt verließen. Der Rauch des Tabaks und Feuers, welches wir unaufhörlich brennen musten, um die Musquiten zu entfernen, erstickte uns beynahe, und nirgends war ein Fuß breit Land zu finden, wo wir in Sicherheit unser Pöckelfleisch kochen konnten. Zu diesem mannigfaltigen Elend gesellten sich noch Uneinigkeiten zwischen meinen Soldaten und den Negern, denen weder Verbote noch Drohungen steuren konnten, so daß ich mich genöthigt sahe, zu härtern Maaßregeln meine Zuflucht zu nehmen. Ich ließ nemlich die Rädelsführer beyder Partheyen an einen Pfahl binden, und befahl, sie tüchtig auszuhauen, und nachdem sie eine halbe Stunde unter Angst und Erwartung zugebracht hatten, begnadigte ich diesmal beyde, ohne einen einzigen Streich. Dies hatte die erwünschte Wirkung, der Frieden war wieder hergestellt, und alles in Ruhe. Aber die herannahenden Krankheiten zu entfernen, war eine schwerere Aufgabe, und alle goldenen Vorschriften in des Doctor Armstrongs schönem Gedicht konnten uns in dieser Lage nichts helfen.

In dieser trostlosen Situation wandte ich mich an einen alten Neger, und fragte ihn, wie er es mache, so gesund zu bleiben. Das ist sehr leicht, sagte Caramanca. Ich schwimme zwey bis

drey-

dreymal täglich, dies dient mir zur Bewegung, wenn ich nicht gehen kann, gewährt mir Kühlung und erhält die Schweißlöcher offen, damit die unmerkliche Ausdünstung nicht gehindert wird, und um mich dabey gegen die Krokodillen zu schützen, bedarf es weiter nichts, als stets im Wasser in Bewegung zu bleiben, denn man läuft vor ihnen nur Gefahr, wenn man sich an einem Orte stille hält. Dabey, lieber Herr, wollt' ich ihnen rathen, sich sehr leicht zu kleiden, und ihre Füße abzuhärten, indem sie barfus auf den platten Brettern des Schiffes umhergehen; denn die Zeit kann leicht kommen, wo sie genöthigt seyn werden, aus Mangel an Schuhen mit bloßen Füßen unter Dornen und Disteln zu gehen, und da wird es ihnen gut zu statten kommen, wenn ihre Haut im voraus abgehärtet ist. Diesen Rath des wackern Alten befolgte ich pünctlich, und schreibe demselben hauptsächlich die Erhaltung meines Lebens unter so vielem Ungemach zu.

Den 23sten, als an dem zur Probe der Signale, zwischen mir und dem Capitain Orzinga verabredeten Tage, wurden genau um zwölf Uhr Mittags alle Drehbassen und Musqueten in der Teufelsherberge, und am Bord des Charon und Cerberus abgebrannt; aber ohne den geringsten Nutzen, denn keine Seele am Bord vernahm etwas von den Signalen an den beyden andern Orten.

Den

Den 26sten brachte mir ein Boot von Patamaca die Nachricht, daß der Cerberus Gefahr
laufe von dem Feinde überfallen zu werden, indem man ihn in dieser Gegend in Bewegung bemerkt hätte. Da nun der Fluß, wo das Fahrzeug lag, sehr schmal war, hielt ich die Lage für
bedenklich, und eilte ihnen in einem Boot mit
sechs Mann zu Hülfe. Es war indeß nur ein
falscher Allarm, und als ich am Abend wieder
nach meinem Posten zurückkehrte, hörte ich mit
Erstaunen eine menschliche Stimme, welche mich
am Gotteswillen bat, an Land zu kommen. Ich
that dies sogleich mit zween meiner Leute, und
fand ein armes, altes Negerweib, die mich fle-
hentlich bat, ihr einigen Beystand zu leisten. Sie
war das Eigenthum eines Juden, der sie auf
diesen einsamen Ort verbannt hatte, (weil sie zu
schwach war, um ferner auf der Plantage zu arbeiten) um nur sein Eigenthumsrecht auf diesem
Platz zu behaupten, den die Rebellen ganz verwüstet hatten. Hier lebte sie von aller menschlichen Gesellschaft entfernt, in einer elenden Hütte, von einer Wüsteney umgeben, die nur einige
Pisangbäume, Yamwurzeln und Cassava zu ihrem Unterhalt hervorbrachte. Ich ließ dem verlassenen Geschöpf ein Stück Rindfleisch, etwas
Gerste und eine Bouteille Brandtewein zurück,
wofür sie mir zum Gegengeschenk eine ihrer Ka-
tzen anbot. Doch durfte ich diese nicht annehmen,

men, denn meine Negerruderer behaupteten aus diesem Umstande steif und fest, sie müsse eine Hexe seyn; ein Beweis, daß dieser Aberglauben nicht blos auf die Europäer eingeschränkt ist.

Gegen Abend, als wir uns dem Charon näherten, fand ich die Schildwache im allertiefsten Schlafe, welches mich so aufbrachte, daß ich behutsam herbeyschlich und ihr eine Pistole dicht am Ohr abfeuerte, mit der Versicherung, das nächstemal sollte sie gewiß den Kopf treffen. Bey dem Knall flog die ganze Mannschaft zu den Waffen, und der arme Kerl wäre bey einem Haar ins Wasser gesprungen. So nothwendig es indessen war strenge zu seyn, in einer Lage, wo ein Ueberfall so verderblich seyn konnte, so grausam wäre es dennoch gewesen, die Drohung zu erfüllen, wo die Stiche der Musquitos es unmöglich machten, zu bestimmten Zeitpuncten auf den Schlaf zu rechnen, und wo seine Annäherung durch diese häufigen Störungen zu andern Zeiten unvermeidlich wurden.

Den 28sten kam der Befehlshaber des Cerberus, krank an einem hitzigen Fieber, in einem elenden offnen Fahrzeuge, den sengenden Sonnenstrahlen ausgesetzt, bey mir an, wobey er zu seiner Erquickung nichts als kaltes Wasser aus dem Fluß hatte. Ein jüdischer Soldat von den Societätstruppen begleitete ihn, und brachte die Nachricht, daß die Rebellen vor zwey Tagen, eine

Meile

Meile oberhalb der letzten Plantage, wirklich über den Bach gegangen wären. Von der entgegengesetzten Gegend aber bekam ich die Nachricht, daß ein Officier nebst zehn Mann, die unter meinem Commando stehen sollten, und einigen Lebensmitteln an der Teufelsherberge gelandet wären. Zu gleicher Zeit erhielt ich Befehl, eine trockne Stelle auszusuchen, und wo möglich ein Magazin zum gegenwärtigen Gebrauch zu erbauen.

Ich sandte nun sogleich meinen Lieutenant Herrn Hamer ab, um das Commando des Cerberus zu übernehmen, und schiffte darauf mit meinem Fahrzeuge den Strom hinab; bey der Teufelsherberge lieferte ich den kranken Lieutenant nebst fünf andern in das Lazareth, brachte die neuangekommenen Lebensmittel in Verwahrung, und kehrte am 1sten August wieder zu meinem traurigen Posten zurück. Unsre Lage ward jetzt mit jedem Tage bedenklicher, indem es uns nicht allein an allen Erfrischungen und Bequemlichkeiten fehlte, sondern auch unsre Kleider und Hangmatten von der beständigen Nässe zu faulen anfiengen, da sie überdem von der allerschlechtesten Gattung waren.

Den 2ten sahen wir zwischen den Regenschauern eine große Anzahl Affen, von denen ich einen erschoß, und da wir in langer Zeit kein frisch Fleisch gegessen hatten, befahl ich, ihn für unsern fern Tisch zu bereiten, und wir verzehrten ihn mit gutem Appetit.

Gelegentlich will ich einige Nachrichten von dem in meinem Bericht so häufig vorkommenden Orte, Teufelsherberge genannt, geben. Ehedem war hier eine Plantage, jetzt ist es aber blos ein Kriegsposten, um die obern Gegenden des Cotticaflusses zu decken. Die Lage ist hoch und trocken, dem ungeachtet ist der Ort so sehr ungesund, und viele Hunderte von Soldaten haben hier ihr Grab gefunden. Wahrscheinlich rührt dieses von den Musquitos und Chigos oder Sandfliegen her, die hier in unzähliger Menge vorhanden sind, und den armen geplagten Leuten keine Ruhe vergönnen, deren man in diesem Clima so sehr bedarf, um die verlornen Kräfte zu ersetzen. Die Gebäude auf der Teufelsherberge sind alle von dem Manicolbaum erbaut, den ich in der Folge beschreiben werde. Sie bestehen in einem bequemen Wohnhause mit vier guten Zimmern für den Commandanten; einem andern Hause für die Subalternen; einer guten Caserne für die Gemeinen; einem großen luftigen Lazareth, dem es nie an Bewohnern fehlt; einem Pulvermagazin und Vorrathshause; Küchen, Backhause und einem guten Brunnen. Blos zum Gebrauch des Hospitals wird hier auch eine Heerde Schaafe, Schweine und eine gute Zucht Federvieh unterhalten. Auch war hier zu

dieser

dieser Zeit eine Kuh mit ihrem Kalbe, die für die Jäger bestimmt war. Die Officiere aber benutzten jetzt die Gelegenheit, ihren Thee mit Milch zu trinken; auch hatten einige von den Officieren kleine Gärten, in denen sie sich Salat und Küchenkräuter zogen.

Den 7ten kamen wir wieder bey unserer Station an, und nun beschloß ich auf alle Fälle auf dem südlichen Ufer festen Fuß zu fassen, damit meine Leute ihr Essen am Lande bereiten könnten, indem es eben so rathsam war, sich von dem Feinde todtschießen zu lassen, als auf dem Charon einen langsamern Tod abzuwarten. Dies kostete uns aber nicht wenig Mühe, indem der Boden überall sumpficht und dicht mit Strauchholz bewachsen war; doch fanden wir endlich Mittel, von unserm Boot bis auf eine trockne Stelle am Lande eine Art von Brücke zu bauen; am Lande aber errichteten wir ein Obdach von Manicoleblättern, unter dessen Schutz wir ein Feuer trotz dem Regen erhielten, und uns unendlich besser darunter befanden, als am Bord des stinkenden Fahrzeuges. Doch war unsre Lage hier sehr gefährlich, weil die Feinde sich in der Nähe aufhielten, ich stellte daher auch rund um den Landungsplatz doppelte Wachen aus, und gab Befehl, daß niemand laut sprechen oder sonst lärmen durfte, damit wir jedes Geräusch hören könnten.

Den

Den 8ten wurde mein zweyter Officier Macdonald krank, weigerte sich aber, mich zu verlassen, weil ich alsdann ganz allein geblieben wäre. Ich hatte, wie gesagt, keinen Wundarzt bey mir, und besaß zur Erleichterung meiner Kranken nichts als einige Brechmittel, Auflösungsmittel und Purganzen, deren richtige Anwendung ich nicht kannte; dennoch vertheilte ich diese auf ihre Bitten unter meine Leute, die sich den Magen mit schweren, salzigen Speisen belasteten, und da sie sich keine Bewegung machen konnten, zuweilen der Natur durch die Kunst zu Hülfe kommen musten. Auch hatte ich allerley Pflaster für äußere Schäden, diese wurden aber bald verbraucht, indem meine ganze Mannschaft mit eiternden Geschwüren bedeckt war; denn in diesem Clima, wo die Luft von Millionen unsichtbaren Insecten angefüllt wird, entsteht aus der kleinsten Verletzung der Haut ein offner Schaden. Das beste Heilmittel ist in solchen Fällen Citronen- oder Limoniensaft: dieses hatten wir aber unglücklicherweise nicht. Das nächstbeste Mittel ist alsdenn, keine offne Wunde, selbst nicht die kleinste Ritze, der Luft blos zu stellen, sondern sie mit Löschpapier in Brandtewein getaucht, zu bedecken.

Was mich betraf, so konnte meine Gesundheit nicht besser seyn; welches ich größtentheils meiner kühlen Kleidung, dem häufigen Baden,

und

und dem täglichen Genuß einiger Gläser Wein
zuschrieb.

Den 9ten befand sich Herr Macdonald weit
schlechter; da er aber sahe, daß ich einen Brief
vom Obersten erhielt, schien er von neuem ganz
belebt, weil er sich, wie wir alle, mit der Hof=
nung schmeichelte, daß man uns nun von diesem
abscheulichen Orte erlösen wolle. Mit großer
Bekümmerniß erfuhren wir aber, daß wir noch
länger hier zu bleiben verurtheilt waren; und
aller Trost, den uns Herr Fourgeoud zukommen
ließ, bestand darin, daß er uns einiges Fischer=
geräth zuschickte, um den Mangel aller Erfri=
schungen, und sogar der gesalzenen Speisen, wel=
che täglich weniger und schlechter wurden, zu er=
setzen.

Die Bekanntmachung dieser traurigen Nach=
richt verbreitete allgemeines Misvergnügen, und
alle klagten, daß wir ohne Nutzen aufgeopfert
würden, indeß die Neger mitleidig seufzten: die
armen Europäer! Einige Tamarinden, Citronen
und etwas Maderawein, die mir meine zärtliche
Freundin in Paramaribo bey dieser Gelegenheit
mitschickte, und die ich unter meine Officiere und
meine niedergeschlagene Mannschaft vertheilte,
erheiterte sie zwar einigermaßen; diese kleine
Hülfe aber war bald aufgezehrt, und am andern
Tage musten wir wieder unsre Zuflucht zu den be=
henden Bewohnern des Waldes nehmen, die in

Schaa=

Schaaren von Hunderten beysammen in den Zweigen der Manglebäume gaukelten, und von denen ich zwey mit meiner Flinte herunterbrachte.

Den 12ten beunruhigte uns ein schrecklicher Orkan, der den Charon von seinen Ankern loßriß, wodurch die Verdecke u. s. w. sehr durch die herabhängenden Baumzweige beschädigt wurden; dabey stürzte eine Sündfluth aus den Wolken herab, und ich befürchtete alle Augenblicke, daß mein morsches Fahrzeug Schiffbruch leiden würde.

Den 15ten kam der zweyte Officier des Cerberus, Lieutenant Owen, krank bey mir an, und auf seine Bitte wagte ich es, ihn nach Paramaribo zu schicken. Ich erhielt jetzt auch einen zweyten Brief von meinem Obersten, nebst etwas Geld, um für die Leute einige Erfrischungen zu kaufen, und das an einem Ort, wo nichts zu haben war. Von unsrer Zurückkunft aber ward nichts erwähnt.

Den 20sten brachte man mir Nachricht, daß der Cerberus, wo nur noch vier Gemeine am Bord waren, sich nach dem Posten la Rochelle zurückgezogen hatte; ich schickte ihnen also noch zwey Mann zu Hülfe, und beorderte das Fahrzeug auf den vorigen Posten.

Jetzt stellten sich auch bey mir einige Fieberanfälle ein, und meine Lage wurde täglich trostloser, da mir die Krankheit schon meine beyden

Offi-

Officiere und Unterofficiere entriffen hatte. Meine Mannschaft an den drey Posten (den beyden Schiffen und der Teufelsherberge) war von zwey und vierzig bis auf funfzehn zusammengeschmolzen; und diese ohne Wundarzt, ohne Erfrischungen, mitten in einem unfruchtbaren, öden Walde, den Angriffen eines grausamen Feindes ausgesetzt, von dem alles zu befürchten war, wenn er unsere trostlose Lage erführe.

Den 23sten befand ich mich etwas besser, und schoß zwey große, schwarze Affen, um eine gute Suppe für die Kranken zu machen. Bey dieser Gelegenheit aber begegnete mir etwas, was mir die Affenjagd beynahe auf immer verleidet hätte, und welches ich meinem Leser mittheilen muß. Ein Affe, welcher auf einem Zweige saß, der über dem Wasser hing, sahe mich an Land steigen, und betrachtete mich mit der größten Aufmerksamkeit und Neugierde; anstatt seinen fliehenden Cameraden nachzuhüpfen, schnatterte er unaufhörlich und schüttelte den Zweig, auf dem er saß, mit unglaublicher Kraft und Behendigkeit. Ich faßte ihn aufs Korn und schoß ihn vom Baum herunter, daß er in das Wasser fiel. Das arme Geschöpf war aber nicht todt, sondern nur stark verwundet, und um seine Pein zu endigen, griff ich ihn bey dem Schwanz, schwenkte ihn herum, und schlug ihn mit dem Kopf an den Rand des Boots; aber auch dies verfehlte seines Endzwecks,

zwecks, das arme Thier sahe mich mit dem kläg-
lichsten, bittendsten Blicke an, und ich fand mich
genöthigt, ihn so lange unter dem Wasser zu
halten, bis er erstickte, wobey mir übel und
weh zu Muthe ward, denn seine brechenden
kleinen Augen verfolgten mich mit anscheinenden
Vorwürfen, bis auf den letzten Augenblick, da
ihr Licht allmälig erlosch, und das bedaurens-
werthe Thier sein Leben endigte. Ich hatte bey
diesem Anblick so viel gelitten, daß es mir unmöglich war, weder von diesem noch von einem
andern zu gleicher Zeit erschossenen einen Bissen
zu genießen, obgleich er den übrigen herrlich zu
schmecken schien. Die Affen genießen nichts Ekel-
haftes, und leben blos von Nüssen, Früchten,
Eyern, jungen Vögeln und dergleichen; ihr Fleisch
ist weiß, saftig und wohlschmeckend, und nur der
Kopf und die Pfoten waren mir zuwider, weil sie
zubereitet genau aussahen wie der Kopf und
die Hände eines kleinen Kindes.

Den 24sten befand ich mich weit schlimmer,
und muste still in meiner Hangmatte liegen bleiben, unter welcher mein armer Quako lag, und
die Krankheit seines Herrn beweinte, und den
folgenden Tag ward der arme Knabe selbst krank.
Zu gleicher Zeit war ich genöthigt, wiederum
drey Mann krank nach der Teufelsherberge zu
schicken. Um mein Unglück vollständig zu machen, bekam ich die Nachricht, daß Herr Owen
wäh-

während dem Transport gestorben war; mein Fähnrich, der seitdem nach Paramaribo gegangen, starb gleich darauf, und ich erwartete kein besseres Schicksal; in dem höchsten Grade eines hitzigen Fiebers von allen meinen Officieren und Leuten verlassen, ohne Erquickung und Pflege, außer von meinen noch übrigen Negern, die lediglich darin bestand, daß sie mir ein wenig Wasser zum Thee kochten. Unter der Last dieses gehäuften Elendes beynahe erliegend, kann man sich vorstellen, welchen Trost mir die Nachricht gewährte, welche gerade an diesem Tage einlief, daß beyde Fahrzeuge nach der Teufelsherberge kommen sollten, wo ich das Commando dieses Orts übernehmen, und den Capitain Orzinza von den Societätstruppen ablösen sollte, welcher mit seiner Mannschaft die in Rochelle befindlichen Truppen verstärken muste.

Diese frohe Aussicht hatte eine beynahe augenblickliche Wirkung auf meine Gesundheit, und ich befahl sogleich, daß der Cerberus sich zu uns gesellen solle.

Den 26sten verließen wir zusammen diesen verderblichen Ort, der so manchem braven Soldaten das Leben gekostet hatte, und schifften den Strom hinab. Als ich während dieser Zeit, zwischen den Fieberanfällen in meiner Hangmatte ruhte, begegnete mir ein kleines Abentheuer, welches ich erzählen will. Die Schildwache berichtete, sie hätte in dem niedern Gesträuche am Ufer etwas Schwarzes in Bewegung gesehen, welches, der Größe nach zu urtheilen, ein Mensch zu seyn schien, der aber auf sein Zurufen keine Antwort gegeben. Ich ließ sogleich auf diesen Bericht die Anker auswerfen, das Boot bemannen, und ruderte, so krank ich war, an Land, um zu recognosciren, indem ich vermuthete, daß es ein Spion der Rebellen, oder einzelne Herumstreifer seyn könnten. Einer von den Negern, Namens David aber behauptete, es müste eine Schlange seyn, und rieth mir, sie aufzusuchen und todtzuschießen. Meine Schwäche und die Schwierigkeiten, einem so großen Thier durch das undurchdringliche Dickigt nachzugehen, machte, daß ich diesen Vorschlag ablehnte, und Befehl gab, wieder nach dem Fahrzeug zurückzukehren. Die Bitte des Negers, selbst das Abentheuer zu bestehen, erregte indeß meinen Ehrgeitz, und ich beschloß, sie selbst zu schießen. Es dauerte auch nicht lange, so entdeckten wir die Schlange unter abgefallenen Blättern und Moder zusammengewickelt, und so sorgfältig zugedeckt, daß ich anfangs nicht den Kopf erkennen konnte, obgleich sie kaum sechszehn Fuß von mir entfernt war. Ich stützte jetzt meine Flinte auf einen Baumzweig, um sicher zu zielen, und gab Feuer, verfehlte aber den Kopf, so daß der Schuß nur durch den Leib ging. Das Ungeheuer machte

einen

einen Satz mit solcher Kraft, daß es durch seine
Bewegung das Strauchholz auf seinem Wege rein
abschnitt, wie ein Mäher mit seiner Sense das
Gras abmäht, und warf mit seinem plätschern-
den Schwanz Schmutz und Koth weit über unsere Köpfe weg. Wir waren aber dabey keine
müßigen Zuschauer, sondern liefen, was wir konnten, unserm Boote zu. Doch kehrten wir auf die
Versicherungen, daß das Thier gar nicht zur Gegenwehr gerüstet sey, wieder zum Angriff zurück,
und nach ein Paar andern Fehlschüßen gelang
es uns, der Schlange gerade durch den Kopf zu
treffen. Wir warfen ihr, trotz des vielen Win-
dens und Krümmens, eine Schlinge über den Kopf,
schleppten sie nach dem Wasser, und banden solche an das Boot, denn ich war gar nicht geneigt,
eine solche Masse an Bord zu nehmen, welche
wenigstens zwey und zwanzig Fuß lang, und so
dick als ein Mensch im Leibe war. An dem
nächsten Orte, wo wir landeten, ward die Schlange ihrer Haut und ihres Oels beraubt, und zwar
auf folgende Weise: ein Neger kletterte mit dem
Ende des Strickes einen Baum hinauf, und ließ
es über einen starken zackigten Ast wieder herunter, worauf zwey andere Neger die Schlange in
die Höhe zogen, so daß sie vom Baum herab
hing. Der Neger David, mit einem scharfen
Messer im Munde, verließ nunmehr den Baum,
schlang sich um das Unthier, welches noch zap-
pelnd

pelnd dahing und ritzte ihm die Haut auf, indem er allmählig hinunter rutschte. Ich gestehe aber, obgleich das Thier ihm nicht mehr zu schaden im Stande war, konnte ich doch nicht ohne Gemüthsbewegung einen nackten Menschen, schwarz und mit Blut bedeckt, an dem schlüpfrigen und noch lebenden Ungeheuer hängen sehen. Von dieser geschickten Operation erhielt ich mehr als zwanzig Maaß klares Fett oder Oel, und die Haut. Ersteres schenkte ich den Wundärzten in der Teufelsherberge, die es mit Dank annahmen, weil es ein trefliches Mittel gegen Quetschungen ist, und letztere schickte ich sorgfältig getrocknet einem Freunde in Holland. Was das Fleisch anbetraf, so hatten meine Neger es schon in Stücken geschnitten, und machten Anstalten, es als einen Leckerbissen zu verzehren; zu ihrem großen Misvergnügen aber weigerte ich mich, meine Erlaubniß dazu zu geben, und zwar nicht, weil ich es für schädlich hielt, sondern weil ich deutlich bemerkte, daß die übrigen Soldaten ungern den Kessel zum Kochen dazu hergegeben hätten. Diese Schlange heißt in der brittischen Encyklopädie Boa, in Surinam aber nennt man sie Aboma. Sie liebt sumpfichte, morastige Gegenden, und liegt dort zusammengewickelt auf der Lauer, um ihre Beute zu überraschen, weil sie nicht gewandt genug ist, um solche zu verfolgen. Sie überfällt auf diese

Art

Art wilde Schweine, Hirsche und selbst Tiger. Diese umschlingt sie mit solcher Gewalt, daß sie ihnen alle Knochen im Leibe zermalmet, überzieht sie denn ganz und gar mit einem klebrichten Schleim oder Geifer aus ihrem Maule, und schluckt das ganze Thier, so schlüpfricht gemacht, allmälig hinunter. Nach einer Mahlzeit dieser Art ist die Aboma eine Zeitlang unbeweglich, weil der große Knoten, den das verschluckte Thier an einer Stelle ihres Leibes macht, es ihr unmöglich macht, auf der Erde fortzugleiten; bis dieses ganz verdauet ist, bedarf sie auch keiner andern Nahrung. Man sagte mir, daß sie zuweilen auch Neger anfällt und verschlingt, und ich zweifle keinesweges daran, daß sie im Stande ist, sie zu überwältigen, wenn der Hunger sie treibt.

Siebentes Kapitel.

Den 27sten August lösete ich den Capitain Orzinga und seine Mannschaft von ihrem Posten ab, und übernahm das Commando der Teufelsherberge, nachdem ich sechs und funfzig Tage in dem traurigsten Zustande auf dem Wasser in einem elenden Fahrzeuge zugebracht hatte; doch hoffte ich nun meine Gesundheit mit Hülfe einiger Erfrischungen, Milch u. s. w., die wir bisher entbehren mußten, wieder herzustellen. Weil die Societätstruppen am folgenden Tage in den ledigen Barken nach la Rochelle schiffen sollten, musterte ich vorher meine noch übrige Mannschaft, und fand, daß ich von fünf Officieren nur noch zwey hatte, und diese beyden waren krank, die drey andern aber gestorben, außerdem hatte ich nur einen Sergeanten, zwey Corporale und funfzehn Gemeine aus vier und funfzig gesunden Leuten, mit denen ich am 2ten Julius an Bord ging. Diese geringe Anzahl war kaum hinreichend, das Magazin, die Munition und das Lazareth, welches von Kranken vollgepfropft war, zu schützen, um so weniger, da der Feind sehr wahrscheinlich in der Nähe herum lauschte, aus welchem Grunde mir Orzinga auch noch zwanzig Mann von seinen Leuten zurück ließ. Den folgenden Abend bewirthete er mich und meine beyden Subalterne zu unserer großen Freude und Erstaunen mit einer Mahlzeit von frischem gekochten und gebratenen Fleisch; mit großer Kränkung aber erfuhren wir, daß es gerade die einzige Kuh mit ihrem Kalbe war, auf die wir unsre ganze Hofnung einiger Erquickung für die Zukunft gestellt hatten; eine Schildwache hatte sie verabredetermaßen, als aus Versehen, geschossen, und um einer armseligen, augenblicklichen Befriedigung willen entzog uns Capitain Orzinga einen bleibenden Genuß, dessen wir in unserm erschöpften Zustande so sehr bedurften.

Den

Den 28sten gingen die Societätstruppen in den Fahrzeugen ab, und als ich nach ihrer Abreise die zwanzig mir zurückgelassenen Soldaten untersuchte, fand ich, daß sie der Auswurf der Leute, mit Fieber, Wunden, Brüchen und Geschwüren behaftet waren, und größtentheils am andern Tage ins Lazareth wandern mußten.

Den 29sten berichtete ich meinem Obersten, daß ich meinen Posten angetreten hatte, wie auch die Schwäche meiner Lage, und bat ihn um Verstärkung. Gegen Abend starben zwey meiner Leute.

Da nunmehr alles eingerichtet war, ging ich um zehn Uhr nach meiner Hangmatte, und freute mich auf die Ruhe, die dort meiner wartete. Diese Hofnung ward indeß abermals vereitelt, denn kaum hatte ich die Augen zugeschloffen, als mein Sergeant mir einen Brief brachte, in dem mir der Capitain der Cotticamiliz meldete, die Rebellen hätten in unserer Nähe drey Plantagen verbrannt, deren Trümmer noch rauchten, alle Weiße ermordet, und würden auf ihrem Rückzuge dicht vor mir vorbeykommen, weshalb er mich warnte, auf meiner Huth zu seyn.

Ich fuhr augenblicklich von meinem Lager auf, und da mitlerweile der Bote die Neuigkeit schon verbreitet hatte, war es nicht nöthig Alarm zu schlagen, denn nicht allein die wenigen Soldaten, welche sich wohl befanden, sondern auch

auch alle Einwohner des Lazareths stürzten hervor, indem sie, trotz meiner Befehle, auf Händen und Füßen nach den Waffen krochen, wobey mehrere todt niederfielen. Welch ein gräßliches Schauspiel war dies, die Lahmen, Kranken und Verwundeten stürzten, in der Hofnung, eine jammervolle Existenz zu verlängern, einem gewissen Tode entgegen. Diesmal kamen wir indeß mit der Furcht davon, denn nachdem wir die ganze Nacht unter dem Gewehr zugebracht hatten, und kein Feind sich zeigte, verließen wir die Waffen, und begruben unsre Todten in ihren Hangmatten, weil kein einziges Brett zu einem Sarge mehr vorhanden war. Ich schrieb nunmehr voller Verzweiflung an den Obersten, daß meine letzten Soldaten am Rande des Grabes stünden, und bald alle durch Beschwerden und aus Mangel an Unterstützung aufgerieben seyn würden, da selbst die Aufwärter im Lazareth am Tage meiner Ankunft nach Paramaribo desertirt waren. Diese Nacht brachten wir abermals unter dem Gewehr zu, und am Morgen fanden wir wieder zwey meiner Leute todt auf der Erde liegend. Die Verzweiflung bemeisterte sich jetzt unser aller. Ohne Rücksicht auf Subordination stießen die Unglücklichen laute Flüche gegen Fourgeoud aus, den sie als die Quelle ihres Elends betrachteten. Täglich starben einige meiner Leute, und ich sahe den Augenblick entgegen, wo ich den letzten in

die

die Grube versenken würde, und wünschte nur nachspringen zu dürfen, um die lang ersehnte Ruhe zu genießen. Endlich den 4ten September kam eine Barke von Paramaribo mit einer Verstärkung von Truppen, einem Chirurgus, Munition, Lebensmitteln und dem Befehl unsers Chefs an, die Spur der Rebellen aufzusuchen, auf dem ehemaligen Verbindungspfade zwischen Cottica und Pirica, der Cordon genannt, und ihm sogleich Nachricht von dem Erfolg meiner Unternehmung zu geben.

Den 6ten, nachdem ich zuvor die Munition in Verwahrung gebracht und meine Kräfte einigermaßen wieder gesammelt hatte, begaben wir uns auf den Marsch, um die aufgetragene Entdeckung, wo möglich, zu machen.

Da aber die Art in diesem Lande zu marschiren, von der Europäischen gänzlich verschieden ist, will ich zuvor in aller Kürze einen kleinen Begriff davon zu geben trachten.

In Surinam ist es ganz unmöglich, wegen der Beschaffenheit des Landes, welches beynahe überall, die wenigen cultivirten Stellen ausgenommen, dichte, unwegsame Wälder bedecken, in zwey oder drey Gliedern, Divisionen oder Pelotonweise zu marschiren. Man stellt daher die ganze Parthey in eine Reihe, macht rechts um kehrt euch, und nun folgt jeder einzeln seinem Vordermann, wobey die Negersclaven unter die

Sol-

Soldaten zerstreut werden, sowohl um sie selbst als ihre Lasten zu schützen, und diese Art zu marschiren heißt man eine indische Linie. Bey einem Detaschement von sechzig Mann, welches aus einem Capitain, zwey Subalternen, zwey Sergeanten, vier Corporalen, einem Wundarzt und funfzig Gemeinen besteht, müssen wenigstens zwanzig Sclaven seyn, für deren Gebrauch die Colonie ihren Herrn täglich 20 gr. bezahlt, und dies ist eine weit größere Ausgabe als Pferde und Wagen seyn würden, die man aber hier im Militairdienst nicht gebrauchen kann.

Die Art, wie man sie unter die Truppen vertheilt, ist folgende: zuerst kamen gemeiniglich zwey Neger mit Aexten, um das Strauchwerk und die Baumzweige abzukappen, und eine Bahn zu eröffnen. Diesen folgen ein Corporal und zwey Mann, um die Fronte zu recognosciren und im Nothfall Alarm zu machen, alsdenn ein Subaltern, sechs Gemeine und ein Corporal. In einiger Entfernung folgt hierauf das Hauptcorps in zwey Divisionen. Bey der ersten ist ein Capitain, ein Corporal, zwölf Gemeine, ein Chirurgus und zwey Neger, um Pulver und Bley zu tragen; bey der zweyten ein Sergeant und zwölf Gemeine, und in einiger Entfernung folgt der Nachtrupp von einem Subalternen Officier, einem Sergeanten, einem Corporal, achtzehn Gemeinen und sechszehn Negersclaven, welche

Arz=

Arzneymittel, Rindfleisch, Brod, Rum, Spaten, Beile u. s. w. tragen. Die Kranken werden ebenfalls getragen. Den Beschluß machen ein Corporal und zwey Gemeine in einiger Entfernung, um im Fall eines Angrifs die Gefahr anzukündigen, und so schließt sich der Zug.

Als alles auf die oben beschriebene Art in Bereitschaft war, trat ich mit meinem kleinen Detaschement unsern Marsch um sechs Uhr des Morgens an. Wir nahmen unsere Richtung gerade nach dem Piricafluß, und nachdem wir bis gegen eilf Uhr auf dem sogenannten Cordon marschirt waren, entdeckten wir, wie ich erwartet hatte, die Spur der Rebellen an ihren Fußstapfen im Sumpf, zerbrochnen Bouteillen, Pisangschaalen u. s. w., und diese leiteten uns nach Pinneburg.

Wir fanden nunmehr freylich das Nest, die Vögel aber waren ausgeflogen; wir setzten indeß unsern Marsch bis um acht Uhr des Abends fort, und erreichten endlich den Posten Scribo, in Pirica, in einem kläglichen Zustande, denn wir musten bald bis an den Bauch in Sumpf und Wasser waden, bald über hohe Haufen umgefallener Bäume klettern, oder auf allen vieren unten durchkriechen. Dies war indeß unser geringstes Ungemach, denn unser Fleisch war jämmerlich zerrissen von Dornen und Stacheln und voller Wunden von den Stichen der Patatläuse, Amei=

Ameisen und wilden Bienen. Diese letztern sind Insecten, etwa so groß als eine gemeine kleine Schmeißfliege, ganz schwarz und sehr verschieden von unsern Bienen. Ihre Nester, die sie in hohlen Bäumen oder zwischen den Zweigen bauen, sind so groß, wie ein volles Kuheiter, mit dem sie überhaupt viel Aehnlichkeit haben. Berührt man zufälligerweise diese ihre Wohnungen, so stürzen Tausende von geflügelten Kriegern hervor, und setzen sich vornehmlich auf die Augen, Lippen und Haare des armen Wanderers, wo es ziemlich schwer hält, sie wieder los zu werden. Ihr Stachel verursacht gemeiniglich ein ziemliches Fieber und die Wunde schwillt so sehr, daß wenn sie gerade am Auge ist, eine Blindheit von mehrern Stunden entsteht. Ihr Honig ist dunkelbraun und wie das Wachs sehr harzig, so daß beyde geringen Werth haben. Unser größtes Leiden entstand indessen von der brennenden Sonnenhitze, worauf wir nachher zwey Stunden in stockdunkler Nacht marschiren und einander bey der Hand halten musten, um uns nicht zu verlieren. Zehn Mann musten wir dennoch zurücklassen, die theils kalte Fieber-Paroxismen hatten, theils von Bienenstichen blind, oder an den Füßen von den Chigos gelähmt waren. Der commandirende Officier zu Scribo nahm uns auf das gastfreyste auf, und ich begab mich bald nachher mit einem starken Fieber in meine Hangmatte.

Am

Am andern Tage fühlte ich mich weit besser; doch waren wir noch keinesweges im Stande, den Rückmarsch anzutreten. Unser freundlicher Wirth schickte daher ein kleines Detaschement aus, um die Zurückgebliebenen aufzusuchen. Von diesen brachten sie sieben in Hangmatten, die an Stangen befestigt und von zwey Negern getragen wurden, zurück, die drey übrigen hatten sich kümmerlich nach der Teufelsherberge zurückgearbeitet.

Während meinem Aufenthalt hier schrieb ich einen tollen Brief an meinen Commandeur, worin ich ihm meldete, daß ich die Spur der Rebellen zwar entdeckt hätte, aber zu spät, weil ich zu der Zeit, wo etwas geleistet werden konnte, unverantwortlicher Weise ohne alle Hülfe verlassen blieb, und so wären meine Leute zwecklos aufgeopfert worden. Dieser Brief hatte ihn, wie ich in der Folge erfuhr, heftig aufgebracht.

Den 9ten traten wir unsren Rückmarsch nach der Teufelsherberge an, die wir mit Blut und Koth bedeckt, von Dornen und Insecten zerfleischt, wieder erreichten. Beynahe alle meine Leute waren ohne Schuhe und Strümpfe, und zwar nothgedrungen; ich hingegen, der schon aus freyer Wahl geübt war, barfuß zu gehen, hatte bey weitem am wenigsten gelitten.

In der Teufelsherberge fand ich meinen Oberstlieutenant nebst seinem Quartiermeister, welcher
ge=

gekommen war, mir das Commando abzuneh:
men; seine Mannschaft erwartete er nur am an=
dern Tage. Diese Aussicht auf eine baldige Er:
lösung gab mir auf einmal neuen Muth, und
nachdem ich mich mit einem frischen Bade er:
quickt, und einige Erfrischungen genossen hatte,
fand ich mich von allen meinen Beschwerden bey:
nahe ganz befreyt. Meine Freude ward aber
bald schrecklich gestört, denn der neuangekomme=
ne Quattiermeister entdeckte mir im Vertrauen,
daß einer meiner Sergeanten, welcher den an:
dern Tag erwartet ward, nachdem er sich vorher
in meinem Wein betrunken, meine arme Johan:
na gemishandelt habe, und daß ich die Spuren
ihrer gerechten Rache noch in seinem Gesicht se:
hen würde. Ich gerieth in die heftigste Wuth,
schwur dem Bösewicht zu vernichten, und befahl
einem Neger sogleich zwölf Bambusröhre zu
schneiden.

Den 10ten kamen zwey Subalternofficiere
in einer Barke mit ihren Leuten, Munition, Le=
bensmitteln und Arzneyen an, und sobald alles
an Land geschaft war, beschied ich den unglück=
lichen Frevler zu mir; sein Gesicht war an drey
Stellen verwundet, ohne weitere Nachfrage schloß
ich ihn daher in mein Zimmer ein, und zerschlug
sechs von meinen Bambusröhren auf seinem Kopf,
bis er mit Blut bedeckt sich zum Fenster hinaus
rettete, und meine Wuth sich allmälig legte. In
der

der Folge erfuhr ich, daß ich diesen armen Mann ungerechterweise so übel behandelt hatte. Treue gegen mich hatte ihm jene Verletzungen in seinem Gesicht zugezogen; denn nur aus Verdruß über Fourgeouds Verfahren, der, in der gewissen Erwartung meines Todes, meine Effecten hatte versiegeln und in ein leeres Magazin bringen lassen, hatte sich der arme Kerl einen Rausch getrunken, und war in diesem Zustande in einige Bouteillen gefallen, nie aber hatte er die geringste Unhöflichkeit gegen Johanna gewagt. Ich nahm mir vor, zur Vergeltung meiner Ungerechtigkeit, Zeitlebens sein Freund zu seyn, und ich habe mein Wort treulich gehalten.

Ich knirschte über Fourgeouds Verfahren, der mir durch Vorenthaltung meiner Sachen nicht einmal den Genuß erlaubte, ein reines Hemde anzuziehen, um mich von meinen schimpflichen Lumpen zu befreyen; doch tröstete mich die Hofnung, nun bald nach Paramaribo zu kommen.

Der Oberste hatte endlich diesen Ort mit dem größten Theil seiner Truppen selbst verlassen, und diese theils in die Teufelsherberge, theils in andere Gegenden einquartiert. Von hier aus wollte er zusammen mit den Societätstruppen und den schwarzen Jägern die Rebellen aufsuchen. Die Leute von den Barken sollten auch alle befreyt, und an jene Posten vertheilt werden.

Von Patamaca meldete man uns, die Rebellen wären oberhalb la Rochelle von neuem über den Fluß gegangen, hätten eine kleine Plantage zerstört, und den Eigenthümer getödtet.

Bey dieser Gelegenheit rettete ein Oberaufseher der Sclaven sein Leben mit Hülfe eines Negerknaben, der ihn bat, in ein Boot zu steigen, und sich in demselben flach auf den Bauch zu legen, indeß er ins Wasser sprang, mit der einen Hand schwamm, und mit der andern das Canot lenkte, bis er es glücklich an das gegenseitige Ufer, unter dem beständigen aber vergeblichen Feuer der Rebellen gebracht hatte; für diesen wesentlichen Dienst ließ ihn aber der Oberauffeher drey Wochen nachher, für ein geringes Versehen, mit dreyhundert Streichen belohnen.

Ungeachtet des traurigen Zustandes meiner Gesundheit weigerte sich der Oberstlieutenant dennoch, auf Fourgeouds ausdrücklichen Befehl, mich nach Paramaribo abgehen zu lassen, und nur nach vielen Schwierigkeiten und der einstimmigen Versicherung der Wundärzte, ein längerer Aufenthalt hier würde meinen Tod verursachen, entschloß er sich, mich gehen zu lassen, und ein Boot ward beordert, mich nach Paramaribo zu bringen. Aber selbst ein weisser Bedienter ward mir zur Begleitung verweigert. Nur mein Bursche Quaco durfte mit mir gehen, und so stieg ich, auf einen Neger gestützt, um meine wankenden Schritte zu sichern, in mein Fahrzeug, und verließ diesen teuflischen Ort, wo ich so viele meiner braven Leute begraben hatte.

Den 14ten früh kamen wir in Paramaribo an, wo ich, da meine Wohnung vergeben war, in dem gastfreyen Hause eines Kaufmanns aufgenommen wurde. Dieser sandte sogleich einen Boten nach meiner armen Johanna, und einen andern nach einem Arzt, da mein Zustand alle Vorsorge erforderte.

Achtes Kapitel.

Mein ganzer Zustand hatte nun mit einemmale ein ganz verändertes Ansehen gewonnen; ich befand mich in einem zierlich aufgeputzten Zimmer, mit allen Bequemlichkeiten versehen, von meinem Arzt zu angenehmen Hofnungen ermuntert, von meinen Freunden geliebkoset, und durch die Pflege und Sorgfalt meines vortreflichen Mulattomädchens erquickt.

Gleich am andern Morgen nach meiner Ankunft schickte mir Capitain Brandt, der in Fourgeouds Abwesenheit das Commando hatte, meine versiegelten Kisten und Bagage; als ich diese aber öffnete, fand sich, daß ich auch hier Feinde hatte, denn die Kackerlacken hatten meine Wäsche, Bücher, Schuhe, und kurz alles, was ich hatte, beynahe gänzlich zu Staub genagt. Diese

Insecten, die zu dem Geschlecht der Käfer gehören, sind in Surinam äußerst häufig. Sie sind beynahe zwey Zoll lang, länglicht, glatt und von dunkelbrauner Farbe. Sie kriechen durch die Schlüssellöcher und andere kleine Oeffnungen in Kisten und Kasten, Kammern und Behältnisse, und verderben alles, was ihnen vorkommt, Leinwand, Tuch, Seidenzeug; verunreinigen Speise und Getränke durch ihren ekelhaften Geruch, und sind überhaupt eine wahre Landplage. Das beste Mittel sie abzuhalten, besteht darin, daß man die Kisten, Schränke u. s. w. auf vier Glasbouteillen stellt, an denen sie, ihrer Glätte wegen, nicht hinaufkriechen können. Diese Vorsorge aber hatte mein Freund Fourgeoud versäumt.

Doch fand ich Wäsche genug zum gegenwärtigen Gebrauch, und Johannens Fleiß versorgte mich bald mit einem neuen Vorrath. Welche Wollust es ist, rein gekleidet zu seyn, kann nur der sich vorstellen, der so lange, wie ich, diesen Genuß entbehren muste.

Mein Gemüth heiterte sich nun immer mehr auf, und meine verlohrnen Kräfte kehrten wieder mit schnellen Schritten zurück, so daß ich bald meiner völligen Genesung entgegen sahe.

Den 26sten hatte ich einen Rückfall, und muste zweymal in einem Tage Ader lassen.

Den 2ten October befand ich mich etwas besser, und da Capitain Brandt Befehl erhalten hatte,

hatte, nach Rio Comawina zu marschiren, vertraute man mir das Commando über die in Paramaribo zurückgebliebnen Truppen an. Die Fahnen, die Casse wurden dem zufolge in meine Wohnung gebracht, und eine Schildwache vor meiner Thür gestellt.

Den ersten Gebrauch den ich von meiner Gewalt machte, war, den sauern Wein abzuschaffen, den man für die kranken Officiere und Leute gekauft hatte, und an dessen Stelle mit dem Gelde, welches ich jetzt in Händen hatte, guten, gesunden Pontac zu kaufen. Eben so gern hätte ich in der übrigen Diät eine Veränderung vorgenommen, und das salze Fleisch, welches noch bey dem Hospital vorräthig war, gegen frische Lebensmittel vertauscht. Dies war aber ausdrücklich verboten, und dazu hatte man ihnen den Tabak, Butter und Käse entzogen, und an deren Stelle ein Maaß Oel für zehn Mann gesetzt; jeder Mann bekam auch nur zwey Pfund Brod wöchentlich. Die Officiere aber musten sich einrichten, wie sie konnten, oder sich eben diese Kost gefallen lassen, ungeachtet sie immer fortfuhren, ihren Beytrag zu einem gemeinschaftlichen Tisch zu bezahlen, der aber nirgends gehalten wurde.

Den 16ten, nachdem der Wundarzt ein Geschwür, welches ich an den Lenden bekommen, geöffnet hatte, hinkte ich ein wenig ins Freye, um

dem

dem Verkauf einiger Sclaven auf einer Auction zuzusehen. Man stelle sich aber mein Erstaunen und meine Verzweiflung vor, als ich unter ihnen meine theure Johanna fand, indem die Zuckerplantage Falkenberg, und alle beweglichen und unbeweglichen Güter derselben, gerade an diesem Tage zum besten der Gläubiger des vorigen flüchtig gewordenen Besitzers verkauft wurden.

Ich empfand alle Qualen der Verdammten, und bejammerte mein unglückliches Schicksal, welches mich außer Stande setzte, sie zu kaufen. Mitten in meinen Leiden aber beruhigten mich die Versicherungen meines Freundes Lolkens, der glücklicherweise zum Administrator des Guthes, während der Abwesenheit der neuen Besitzer, ernannt war.

Dieser treue Freund führte meine Johanna sogleich zu mir, und versprach mir und ihr in allen vorkommenden Gelegenheiten treulich beyzustehen, wozu er jetzt mehr als je Gelegenheit in Händen hatte, und dieses Versprechen hat er redlich gehalten.

Ich bekam um diese Zeit Nachricht, daß der Oberste Fourgeoud oberhalb der Plantage Clarenbeck in die Wälder gedrungen war, um die Rebellen aufzusuchen, und da ich bey dieser Gelegenheit nicht müßig zu seyn wünschte, schrieb ich an ihn um Erlaubniß, mich zu den Truppen verfügen zu dürfen, sobald ich völlig hergestellt wäre.

wäre. Ich schiffte nunmehr auch einige Medicamente und unsre zurückgebliebenen Wundärzte nach jener Gegend ein, und nahm auf meine Verantwortung und auf Unkosten des Regiments den Wundarzt der Societät an, um die zurückgebliebenen kranken Officiere und Soldaten zu besorgen; kaufte noch zwey Anker guten, rothen Wein zu ihrer Stärkung, völlig entschlossen, die kurze Zeit meiner Gewalt so gemeinnützig als möglich zu machen.

Da ich mich ganz wieder hergestellt sahe, beschloß ich dem Obersten in die Wildniß zu folgen, ohne seine Befehle abzuwarten, und machte daher verschiedene Anstalten zu meiner bevorstehenden Reise; schnitt mir, sowohl der Bequemlichkeit als Reinlichkeit wegen, die Haare ab, und versahe mich mit kurzen Jacken, langen Schifferhosen u. s. w., die in den Wäldern am brauchbarsten sind. Dann machte ich dem Gouverneur meine Aufwartung, um seine Befehle zu erfragen; er nahm mich mit der größten Höflichkeit auf, und sagte mir, daß ich jetzt Beschwerden entgegen ginge, welche alles, was ich bisher erlitten hätte, weit überträfen. Dies machte mich aber in meinem Vorsatz nicht wankend, und ich wandte mich an den Magistrat, um ein Boot und die nöthigen Neger zur Begleitung zu bekommen; dies versprach man mir für den folgenden Tag, und ich gab nunmehr die Fahnen, die Regimentskasse

und

und das Commando der zurückgebliebenen Kranken dem Lieutenant Meyer, dem einzigen gesunden Officier in Paramaribo.

Den 25ſten October gegen Abend begab ich mich an das Ufer des Fluſſes, um meine Reiſe anzutreten. Hier fand ich aber anſtatt eines bedeckten Boots ein altes, ſchmieriges Fahrzeug, mit einigen betrunkenen holländiſchen Matroſen, welche Befehl hatten, mich nach einer Plantage am Comawinafluß zu führen, von der ſie ihren Capitain abhohlen wollten; von dort aus aber bis an den Ort meiner Beſtimmung konnte ich meinen Weg weiter betteln, oder mir forthelfen, wie ich für gut befände.

Ich hatte ſchon einen Fuß im Fahrzeuge, als mir plötzlich einfiel, daß ich im Begriff ſey, ohne erhaltene Befehle, freywillig zum Beſten eines undankbaren Volkes mein Leben zu wagen, und alſo wohl einer beſſern Behandlung werth ſey. Ich trat alſo ſchnell zurück und verſicherte, ich würde keinen Schritt thun, wenn auch die Stadt in hellen Flammen ſtünde, woſern man mich nicht anſtändig fortſchaffte; eine Aeußerung, in der mich alle Engländer und Amerikaner in der Stadt unterſtützten, welches einen allgemeinen Tumult erregte. Die Holländer ſchrien, daß ein bedecktes Boot ihnen zehn Thaler koſten würde, da hingegen ſie dieſes umſonſt haben könnten, und die andern erklärten ſie für

nie-

niederträchtige Geizhälse, welche nicht den geringsten Schutz von dem Obersten und seinen Truppen verdienten. Allmälig sammelte sich der Pöbel, und ein förmliches Treffen fiel vor einem Caffehause dicht am Wasser vor, aus dessen Fenstern Hüte, Perücken, Bouteillen und Gläser herausflogen. Man schickte nach den Gerichtspersonen, ihre Gegenwart aber richtete nichts aus, und das Gefecht dauerte in der Straße bis um zehn Uhr des Nachts, da ich endlich mit meinen Freunden das Schlachtfeld behauptete, nachdem ich verschiedene Matrosen, Pflanzer, Juden und Sclavenaufseher zu Boden gefällt, und eine meiner Pistolen verlohren hatte, die ich in der Wuth hinter dem Pöbel herwarf. Doch würde es hier noch nicht zu Ende gewesen seyn, wäre nicht mein Freund, Herr Kennedy, der ein Mitglied des Policengerichts war, mit einigen andern dazu gekommen. Diese nahmen sich meiner an, erklärten, man hätte mich sehr übel behandelt, und versicherten, ich sollte den andern Tag ein Boot haben.

Früh am andern Morgen erhielt ich einen Besuch von vier amerikanischen Schiffscapitains, welche mir zuredeten, das Fahrzeug der Colonie auszuschlagen, und sich erboten, mich in einem ihrer Böte fortzuschicken, welches sie zu gleichen Theilen mit ihren Matrosen bemannen wollten. Der Krieg zwischen Großbritannien und den Co-

Ionien war damals eben reif zum Ausbruch, aber nichtsdestoweniger bezeigten diese Herren allen, was auf die entfernteste Weise den englischen Nuhmen führte, die höflichste, wärmste Zuneigung, und versicherten, sie liebten die ganze Nation, die Administration allein ausgenommen. Ich nahm ihr höfliches Anerbieten mit Dank an, und nachdem ich von Herrn Kennedy einen Brief an einen Capitain der Miliz am Fluß Comawina empfangen, der mich in einem anständigen Fahrzeug weiter befördern sollte, und alle nöthigen Maaßregeln genommen hatte, damit mich weder der Oberste Fourgeoud noch die Kackerlacken beunruhigen konnten, nahm ich Abschied von meinem Mulattomädchen und ging zum zweytenmal an das Ufer, von meinen englischen und amerikanischen Freunden begleitet.

Am folgenden Tage erreichten wir die Plantage Charlottenburg, wo ich Herrn Kennedy's Brief an den Milizcapitain abgab, der sogleich versprach, mich weiter zu schaffen. Hier trennte ich mich von meinen ehrlichen englischen Matrosen, mit denen ich so zufrieden war, daß ich ihnen eine Mahlzeit von zwölf gebratenen Enten bestellte, wozu ich ihnen meinen ganzen Vorrath rothen Wein und eine Guinee verehrte. Sobald die Ebbe eintrat ruderten sie nach ihren Schiffen zurück, höchst zufrieden und so betrunken, als
Wein

Wein und Brandtewein sie zu machen im Stande waren.

Den 30sten kamen wir nach der Teufelsherberge, und nachdem wir dort die Nacht zugebracht hatten, schifften wir immer weiter hinauf, und schliefen die Nacht in unserm Boot. Am folgenden Tage gegen Mittag aber kamen wir zum allgemeinen Sammelplatz. Die Truppen waren indeß noch nicht angekommen, und am Ufer campirten nur einige Jäger, um die Lebensmittel zu decken, welche für uns zusammengebracht waren.

Den 3ten November kam ein Theil der Truppen unter dem Commando eines Majors an. Ich ging mit ein Paar Jägern hin, um ihm einen Besuch abzustatten, und erfuhr, daß man den Obersten stündlich erwarte. Ich war jetzt frisch und fröhlich und schmeichelte mir, dieser freywillige Beweis meines Diensteifers würde den Obersten mit mir aussöhnen, und nahm mir auch ernstlich vor, mich so viel als möglich zu mäßigen, und durch Thätigkeit und Gefälligkeit seine Freundschaft zu erwerben.

Die erwünschte Stunde kam endlich, ich erfuhr seine Annäherung, und ging ihm eine Stunde Weges entgegen, meldete ihm, daß ich gekommen sey, um an der zu hoffenden Ehre Theil zu nehmen, und unter seinen unmittelbaren Befehlen zu stehen, und erhielt eine Verbeugung zur Ant-

Antwort, und so marschirten wir zusammen nach dem Lager.

Auf dem Wege erfuhr ich, daß unsre Truppen den Rebellen drey Dörfer abgenommen hatten, von denen eines, wegen der großen dort gefundenen Menge Reis, das Reisland genannt wurde; dieser war theils in der Blüthe, theils reif, wurde aber durchaus verwüstet, und die Feinde in die Flucht geschlagen. Der Befehlshaber dieser Rebellen war ein grausamer Mulatte, Namens Bonny, der in den Wäldern gebohren war, und eben derjenige, welcher das Detaschement unter Lieutenant Lepper schlug. Die Schädel dieses Unglücklichen und sechs seiner Gefährten fanden unsre Truppen auch auf diesem Marsch auf Pfählen gesteckt, unter denen ihre Leiber und Kleider moderten. Die armen Soldaten, die lebendig in Bonnys Hände gerathen waren, hatte dieser Unmensch zur Belustigung der Weiber und Kinder zu Tode geisseln lassen.

Etwa um Mittag, als ich in meiner Hangmatte etwas ausruhte, kam mein Freund, der Lieutenant Campbell, zu mir, und erzählte mir mit Thränen in den Augen, daß Fourgeoud den Abend zuvor gegen die Officiere der Surinamsocietät sehr nachtheilig von dem ganzen Corps der schottischen Brigade in holländischen Diensten, und überhaupt schlecht von allen Britten gesprochen hätte. Ich fuhr sogleich auf; ließ mir die Nachricht

richt bestätigen, und ging hierauf zum Fourgeoud, und fragte ihn über die Ursache dieser Verläumdung. Er starrte mich an, und versicherte, seine Bemerkungen hätten blos meine langen Schifferhosen betroffen, die ich der Kühle und Bequemlichkeit wegen trug, und die ihm vermuthlich auf seinen Schweizerbergen noch nicht vorgekommen waren. Seine übrigen Reden schrieb er einem andern Officier zu, der an einem andern Posten stand. Diesen Meuchelmörder unsrer Reputation drohte ich Tod und Verderben, versprach darauf, meine langen Beinkleider gegen kurze zu vertauschen, und so schieden wir ganz kalt von einander.

Eine Stunde nachher erhielt ich Befehl über den Cormotibofluß zu gehen, und künftig unter unsers Majors Commando zu stehen, welcher mit seinem Detaschement an der Südseite des Wanabachs campirte. Ich gehorchte, und gleich nach meiner Ankunft war meine erste Sorge, mit Hülfe zweyer Neger, die ich zu meiner Aufwartung bekam, ein Dach über meine Hangmatte zu verfertigen, welches in Zeit von einer Stunde vollbracht war. Da diese Hütten oder Schuppen in einem Lande, wo man sich keiner Zelte bedienen kann, von sehr großem Nutzen sind, so will ich die Art, wie sie verfertigt werden, kürzlich beschreiben, da man sie ohne Hammer, Na-
gel

gel oder irgend ein Zimmerwerkzeug, außer einem Säbel oder Beil, errichtet.

Man bedient sich zu diesen Hütten zweyer Materialien, des Manicole= oder Parosallbaums und einer gewissen Winde oder Schlingpflanze, welche die Spanier Bejucos nennen, in Surinam aber Tay=Tay heist.

Der Manicolebaum gehört zu dem Geschlecht der Palmbäume, man findet ihn mehrentheils in sumpfichten Gegenden, und er ist immer ein Beweis eines fetten Bodens. Er wächst dreyßig bis funfzig Fuß hoch, in Absätzen oder Gelenken von zwey bis drey Schuh. Sein Stamm ist nur äußerlich etwa einen Zoll breit, hart wie Holz, innerlich aber ist er markicht, und daher unbrauchbar zu Zimmerarbeiten; ganz nach oben zu wird das Holz grün, und umschließt eine weiße, vortrefliche Frucht, die man Palmenkohl nennt, und allen Palmarten eigen ist. Oben über dieser breitet der Manicolebaum seine schönen, grünen Zweige aus, von denen die langen Blätter wie seidne Bänder gerade herabwärts hängen, und einen wirklichen Sonnenschirm bilden.

Den Stamm dieses Baums schneidet man in so lange Stücken, als man die Wände hoch zu haben wünscht, spaltet ihn darauf in schmale, handbreite Latten, befreyt sie von dem Mark, und denn sind sie zum Gebrauch fertig. Sobald man eine hinlängliche Anzahl dieser Latten hat, um

das

das Gebäude zu umgeben, bindet man sie in perpendikulärer Richtung an zwey Querhölzer, von demselben Baum, die an den vier Eckpfählen befestigt sind. Alles dieses wird mit einem bloßen Beil zurechtgehauen, und mit den Ranken der oben erwähnten Schlingpflanzen zusammen gebunden. Diese Winden oder Schlingpflanzen wachsen überall in den Wäldern, und umschlingen die Bäume in allen möglichen Richtungen. Sie sind in solcher Menge vorhanden und so wunderbar verschlungen, daß sie einem Walde das Ansehen einer Flotte mit ihrem Takelwerk geben. Zuweilen tödten sie die Bäume, wenn mehrere zusammen zu der Dicke eines Ankertaues verstrickt, den Baum in einer Spirallinie umschlingen, dann von oben herabhängen, von neuem Wurzel fassen, und wieder hinaufsteigen. Die dünnern Nebies (eine andere Benennung dieser Rankengewächse) sind zuweilen so dicht verflochten, daß sie netzartige Gewebe bilden, durch welche das Wild nicht bringen kann. Sie sind so fest und zähe, daß man damit große Fahrzeuge am Ufer befestigt. Einige Gattungen dieser Gewächse sind auch giftig, vornehmlich die platten, eckichten und gefürchteten. Ich fahre jetzt mit der Beschreibung des Daches fort.

Dieses wird aus den grünen Zweigen eben des Manicolebaums verfertigt, dessen Stammholz zu den Wänden dient. Jeder Zweig, (den

ich

ich mit nichts ähnlicherm vergleichen kann, als der Fahne einer Feder), von der Länge eines erwachsenen Mannes, wird in zwey gleiche Theile gespalten. Eine Anzahl dieser gespaltenen Zweige bindet man mit ihrem eigenen Laub in Bündel, und befestiget alsdann diese Bündel mit jenen Ranken eins über das andre, auf dem Dache der Hütte, so daß das Laub, gleich der Mähne eines Pferdes, herabhängt. Diese Art Dächer sind sehr schön von Ansehen, dicht und dauerhaft, und so vollendet man das ganze Haus ohne Hammerschlag und Nägel. Die Thüren und Fenster, Tische und Bänke werden aus eben diesen Materialien verfertigt, und eben so alle Einzäunungen von Gärten, Viehweiden u. s. w. Die Negerrebellen sind daher auch nie um gute, bequeme Wohnungen verlegen, denn wenn heute ihre Hütten abgebrannt werden, so haben sie morgen wiederum neue, doch pflegen sie solche nie an eben dem Orte aufzubauen, wo sie einmal von den Europäern sind entdeckt worden. Noch muß ich anmerken, daß der Saamen dieses Baums in einer Kapsel nahe an dem Gipfel von dreyßig bis vierzig knotichten Fasern enthalten ist, die eine Art von Strauß bilden, dessen man sich in der ganzen Colonie statt der Besen bedient, so daß der Maricolebaum nicht allein die Materialien zu einem Hause, sondern auch die Mittel, es rein zu halten, liefert. Die Hütte, die ich jetzt bewohnte, war

war indessen nicht so bequem, als jene oben beschriebenen, denn da wir uns nicht lange an einem Orte aufhielten, errichteten wir bloße Schirmdächer für unsre Hangmatten, ohne Wände. Diese macht man folgendergestalt: man pflanzt vier gabelförmige Pfähle in gehöriger Entfernung von einander im Viereck, in diese Gabeln legt man oben und unten zwey starke, kurze Stangen, an welchen die Schnüre der Hangmatte befestiget werden, dann legt man quer über an den äußersten Enden zwey lange Stangen, über diese wieder zwey kurze, und so abwechselnd zwey kurze und zwey lange, endlich deckt man oben darauf Zweige des Manicolebaums so dicht über einander, als die Witterung es erfordert.

Während der Zeit, daß wir uns hier aufhielten, ward ich von einem gewissen Capitain Mayland, von den Societätstruppen, so empfindlich beleidigt, daß ich mich genöthigt sahe, ihn zu fordern, und nachdem ich das gute Glück hatte, ihn am Arm zu verwunden, erkannte er sein Unrecht, bat um Verzeihung, und wir wurden nachher die besten Freunde. Auch gestand er mir, er hätte mich absichtlich beleidigt, um sich meinem Obersten zu empfehlen. Ein Paar andre Officiere, die Maylands Parthie gehalten hatten, forderte ich ebenfalls, und es gelang mir, meinen guten Nahmen ohne ferneres Blutvergießen festzusetzen; die Herren sahen ihren Irrthum ein,

ein, und ich ward von dem Augenblick an der Liebling des ganzen Corps.

Den 9ten vereinigten sich beyde Colonnen, und ich nahm die erste Gelegenheit wahr, dem Obersten die Geschichte meines Duells zu hinterbringen, da ich wohl wußte, daß er sie erfahren habe. Er war aber so gnädig, mir seinen Pardon zu geben, und setzte lächelnd hinzu: ich wäre ein braver Garçon; ich traute aber seiner Freundlichkeit wenig.

Meine Zweifel an der Aufrichtigkeit seiner Freundschaft bestätigten sich bald nachher, denn als mein einziger wahrer Freund, Campbell, krank nach der Teufelsherberge geschickt wurde, wollte er nicht erlauben, daß das Fahrzeug nur so lange wartete, bis ich einen Brief an Johanna vollendet hatte, die mir weiße Wäsche zuschicken sollte. Ein Jäger war indessen so gefällig, und verschaffte mir die Gelegenheit, meinen armen Freund in einem kleinen Boot, das aus einem einzigen Stück Holz bestand, einzuholen. Ich drückte ihm die Hand, und wir trennten uns mit Thränen; auch sahe ich ihn nie wieder, denn er starb wenige Tage darauf.

Der Oberste Fourgeoud faßte nunmehr den Entschluß, die ganze Gegend am nördlichen Ufer des Cormotibobaches zu durchsuchen, welcher sich zwischen dem Suriname und Marawineflüssen schlängelt, und zu diesem Ende brachen wir in zwey Colonnen auf, nachdem eine starke Wache bey den Lebensmitteln und den Kranken zurückgelassen war. Unser Marsch geschahe in aller ersinnlichen Unordnung, durch einen dunkeln, undurchdringlichen Wald, ohne irgend einen andern Wegweiser als einen kleinen Taschencompaß, den jeder Officier bey sich führte, und mit dessen Hülfe wir wie in offener See, nach der Mündung des Cormotibobaches zusteuerten. Um unsre Schwierigkeiten zu vermehren, goß der Regen, obgleich wir in der trockenen Jahreszeit waren, in ganzen Strömen herab, und durchnäßte uns bis auf die Haut. Vorzüglich aber litten die armen Neger, unter ihren Lasten gekrümmt, deren Schwere die kahlen Stellen hin und wieder auf ihren Köpfen, (denn auf diese Art tragen sie alle Lasten) anzeigten, dennoch wurden sie wie Ochsen immer vorwärts getrieben, und dabey, um den Mundvorrath zu schonen, auf halbe Portionen herabgesetzt, obgleich sie doppelte Beschwerden litten. Der herabstürzenden Sündfluth ungeachtet ertheilte unser Oberste Befehl, daß wir die Nacht ohne Hütten und Obdach kampiren sollten, indem jeder zwischen zwey Bäumen seine Hangmatte befestigte, und unter derselben auf zwey gabelförmigen Stöcken sein Gewehr hinlegte, das einzige Mittel, das Pulver im Zündloch trocken zu erhalten. So schwebte ich in meiner Hangmatte unter freyem

Himmel mit meinem Säbel und Pistolen in die Brust gesteckt, und versank bald, trotz Wind und Wetter, in einen tiefen Schlaf.

Den andern Morgen früh weckte mich der Ruf zum Aufbruch; der Regen dauerte immer fort, und die Hälfte der Officiere und Gemeinen waren krank; die Neger hingegen, die auf der bloßen Erde im Wasser geschlafen hatten, waren weit rüstiger, als die Europäer. Ich für mein Theil verließ meine Hangmatte völlig eingeweicht, nahm einen Schluck Brandtewein und ein wenig Zwieback, und so marschirten wir weiter, nachdem ich zuvor das Schloß meines Gewehrs, wie die schwarzen Jäger thaten, mit einem Deckel von Palmenrinde versehen hatte. Wäre der Feind jetzt bey der Hand gewesen, um uns anzugreifen, so wären wir ihm eine sichere Beute geworden, denn in dieser Nacht war nicht allein das Pulver im Zündloch, sondern selbst die Patronen durchaus naß geworden; ein Uebel, welches leicht hätte verhütet werden können, wenn wir unsere Gewehre, wie die Bukanire in Amerika zu thun pflegen, mit Futteralen von Wachsleinwand versehen hätten; aber an dergleichen Kleinigkeiten dachte niemand. Eine zweyte Kleinigkeit bedrohte uns ebenfalls, und dies war der Mangel an Lebensmitteln; unser alte Vorrath war aufgezehrt, und der neue, den wir an dem Bach zu finden hofften, war nicht angekommen.

Wir

Wir sahen uns daher genöthigt, alle ohne Ausnahme, vier und zwanzig Stunden lang mit trocknem Zwieback und Wasser vorlieb zu nehmen. Des Obersten Kammerdiener, der die Aufsicht über die Lebensmittel hatte, war einmal, wie es hieß, verschlagen, und ein andermal untergegangen, welches einigen Soldaten die unverschämte Anmerkung ablockte, der Teufel hätte ihn für seinen Herrn angesehen. Mitten in diesem Ungemach half uns einer von den schwarzen Jägern aus der Noth, indem er uns einen großen, wilden Calekutischen Hahn brachte, den er eben geschossen hatte. Sogleich ward beschlossen, für den Abend eine Suppe davon zu kochen, wozu jeder einen Theil seines Zwiebacks in den Kessel warf, und sobald dieser zu kochen anfing, stellten sich alle umher, und begannen die Mahlzeit. Ein eigner Umstand dabey war, daß, obgleich der Kessel um sechs beygesetzt wurde, er dennoch um zwölf Uhr nicht ausgeleert war; nur daß die Brühe etwas dünner ward, weil der Regen unabläßig in den Kessel fiel. Diese Nacht brachten wir ebenfalls ohne Obdach zu, und ich nahm von neuem meine Zuflucht zu den englischen Schifferhosen, die ich mir um die Schultern hing, und mich dabey, wie ein Huhn am Bratspieß, beständig vor dem Feuer drehte, und so die Nacht etwas tröstlicher, als meine hustenden Kameraden zubrachte. Der wilde Truthahn,

den

den wir hier verzehrten, war an Geschmack wenig von den zahmen verschieden, und wog nahe an zwanzig Pfund.

Den 15ten marschirten wir unter starken Regengüssen weiter; diese hatten jetzt die Wälder dergestalt überschwemmt, daß wir bis an die Kniee im Wasser wateten, und ohne eine Brücke kaum kleine Bäche, die sich auf unserm Wege fanden, passiren konnten.

Ich bewog daher die Jäger mit Hülfe einiger Sclaven eine Brücke über den Bach zu werfen, welches sie in drey Viertel Stunden ausführten, indem sie einen geraden Baum fällten, dessen Stamm über das Wasser fiel, und an dem sie noch oben drein ein Geländer befestigten. Unser Major aber, dessen Laune durch Krankheit und Ungemach verbittert war, dankte ihnen schlecht für ihre Mühe, und überhäufte sie mit Flüchen und Schimpfreden. Die Jäger verließen ihn mit verächtlichen Lächeln, und schwammen entweder über den Bach, oder erkletterten einen Baum, dessen Zweige über das Wasser hingen, und schlüpften auf das jenseitige Ufer, welchem Beyspiel ich nachfolgte, und hier erwarteten wir die Ankunft des geschwächten, zitternden Befehlshabers, von dessen Leuten zwey Drittheile so krank als er waren.

Bisher war meine Gesundheit noch vollkommen gut, nur hatte ich jämmerlich von Insecten-

stichen

stichen und Dornen gelitten, die meine Haut an
unzähligen Stellen verwundeten.

Gegen Mittag klärte sich das Wetter auf,
und wir erreichten Jerusalem, an der Mündung
des Cormotibobaches, wo ich schon ehedem auf
meinen Kreuzfahrten gewesen war. Der Oberste
Fourgeoud war mit seiner muthlosen Mannschaft
gerade vor uns hier angelangt, und wir erschienen ebenfalls in einem bedaurenswürdigen Zustande. Das ganze kleine Corps war von Hunger und Beschwerden erschöpft, und einige, die
ganz ausser Stande waren, weiter zu gehen, wurden von den Negern auf Stangen in ihren Hangmatten getragen.

Da indessen der alte Oberste alle Beschwerden und Mühseligkeiten, wie der gemeinste Soldat, mit erduldete, die auf seinen ausgedörrten
Körper nicht die geringste nachtheilige Wirkung
zu haben schienen, so durften wir um so viel weniger über schlechte Behandlung klagen. Ich stürzte
mich also wieder in den Fluß, um den Schmutz
und das Blut abzuwaschen, und nachdem ich
mich auf diese Art gestärkt hatte, sahe ich mich
nach meinen Negern um, die mir eine bequeme
Hütte errichten sollten. Diese Hofnung aber
schlug fehl, denn unser Herr Major hatte sie an-
gestellt, ihm eine Küche zu bauen, obgleich er
nichts zu kochen hatte. Für diesmal übersah
ich seinen Mangel an Lebensart, und da die Jäger

ger mir aus Palmzweigen ein bequemes Lager auf der Erde gemacht, weil es in dieser Gegend keine Bäume gab, um die Hangmatte daran zu befestigen, und ein tüchtiges Feuer vor demselben angezündet hatten, legte ich mich ruhig auf meine grüne Matraze, und schlief bey hellem Mondschein bald sanft ein. Zwey Stunden vor Tages Anbruch aber erwachte ich, fand den Mond untergegangen, das Feuer verlöscht, und eine so tödtliche Erstarrung in allen meinen Gliedern von dem kalten Thau und den Dünsten, die aus der Erde stiegen, daß ich nur mit großer Mühe auf Händen und Füßen bis zu einem meiner schwarzen Cameraden kriechen konnte. Dieser zündete mir sogleich ein neues Feuer an, wodurch ich gegen sechs Uhr so weit hergestellt war, daß ich aufstehen konnte, doch empfand ich so heftige Schmerzen am ganzen Körper, daß ich laut stöhnen mußte. Damit Fourgeoud und die andern dieses nicht hören möchten, versteckte ich mich an Saum des Waldes, wo sich meine Schmerzen bald in solchem Grade vermehrten, daß ich nicht ohne die größeste Beschwerde athmen konnte, und endlich hinter dem verfaulten Stamm einer alten Kohlpalme zur Erden fiel. In dieser Lage fand mich ein Neger, der Stangen zu einer Hütte fällen wollte, und lief, weil er mich für todt hielt, sogleich zurück, und brachte das ganze Lager in Aufruhr. Man brachte mich nunmehr

in

in einer Hangmatte unter Dach, und ein Capitain von den Societätstruppen ließ sogleich einen Chirurgus hohlen. Ich war jetzt von unzähligen Zuschauern umringt, und der Schmerz in meiner Seite machte mich durch seine Heftigkeit so wüthend, daß ich wie ein Rasender mein Hemde mit den Zähnen zerriß, und alles, was sich mir näherte, beissen wollte; nachdem man mir aber mit einer warmen Hand eine Salbe eingerieben hatte, verschwand mein ganzes Uebel plötzlich, und ich fühlte mich völlig hergestellt.

Um indessen einen Rückfall zu verhüten, benutzte ich meine wiedererlangten Kräfte zuerst, um einen tüchtigen Knüttel zu schneiden, und mit diesem ging ich zu dem Räuber Gowsary aus Berbice, der die Aufsicht über die Sclaven hatte, und schwur, ich würde ihn todtschlagen, wenn er ihnen nicht sogleich Befehl ertheilte, mir eine bequeme Hütte zu erbauen, indem mein Leben mir lieber, als alles andre sey; um meine Drohung nachdrücklicher zu machen, folgte ich ihm auf allen Schritten mit meinem Knüttel auf der Schulter, und in ein Paar Stunden hatte ich eine gemächliche Wohnung. Noch muß ich bemerken, daß der Oberste so menschlich war, mir während der Krisis anzubieten, mich nach der Teufelsherberge zu schicken.

Den 18ten bekamen wir die Nachricht, daß der arme Campbell gestorben wäre, und nunmehr

mehr ging unser Major auch sehr krank nach dem Lazareth ab, welcher der eilfte kranke Officier während dieser kurzen Campagne war.

Eben jetzt, da unser Mangel an Lebensmitteln am höchsten gestiegen war, wurden wir glücklicherweise aus unsrer Noth durch eine Menge Fische befreyt, die wir theils im Bach fiengen, theils mit bloßen Händen im Sumpf griffen. Diese waren von verschiedener Gattung und sehr wohlschmeckend, vorzüglich wenn sie am Rauch gedörrt wurden, wie es die Neger zu thun pflegten, indem sie solche auf einem kleinen Hölzchen über dem Feuer halten, auf diese Art kann man sie denn ohne weitere Zubereitung essen.

Den 20sten ward ein Capitain mit vierzig Mann detaschirt, um das verheerte Dorf Bucu zu rekognosciren, und bald darauf beschloß der Oberste Fourgeoud selbst dahin zu marschiren, und überließ mir das Commando von vierhundert Mann Schwarzen und Weißen, von denen zweyhundert krank in ihren Hangmatten lagen. Ich fertigte aber gleich dreyßig von diesen ab, um in der Teufelsherberge zu sterben, und ertheilte sechszig Jägern Urlaub, um nach Paramaribo zu gehen.

Diese letztern erklärten beym Abmarsch, Fourgeouds Operationen wären blos eingerichtet, seine eignen Truppen aufzureiben, anstatt dem Feinde Schaden zuzufügen. Es ist überhaupt eine schwere Sache, die Neger an Subordination und Disciplin zu gewöhnen, denn sobald sie sehen, daß nichts ausgerichtet werden kann, weigern sie sich, weiter zu marschiren, und wiederum, wenn sie den Feind in der Nähe wissen, kann sie nichts im Zaum halten und ihre Begierde zum Angriff mäßigen. Es ist bey diesen Gelegenheiten wirklich erstaunend, mit welcher Geschicklichkeit ein Wilder die Spur des andern entdeckt. Wo ein Europäer nicht das kleinste Merkmal eines menschlichen Fußtritts im Walde sieht, spürt das scharfe, forschende Auge des Negerjägers, ohne je zu fehlen, den kleinsten gebogenen Zweig, das einzelne verwelkte und platt getretene Blatt unter der Menge andrer unberührten heraus.

Den 21sten benutzte ich meine Befehlshaberschaft, um zwey Barken nach Lebensmitteln, die eine nach la Rochelle, die andre nach der Teufelsherberge, zu schicken. Letztere brachte mir eine Kiste mit Bostonner Zwieback von Paramaribo mit.

An eben diesem Tage wurden zwey Sclaven gefänglich eingezogen, die man beschuldigte, zwey Stück gepökelt Schweinfleisch aus dem Magazine gestohlen zu haben. Die Soldaten, welche überhaupt die Sclaven als sehr verächtliche Geschöpfe betrachteten, und sie noch überdem thörichterweise als die Urheber ihres Elends haßten, drangen sehr auf exemplarische Bestrafung

die-

dieses Vergehens. Man hatte zwar das Fleisch bey ihnen gefunden, da indessen keine weiteren Beweise des Diebstahls vorhanden waren, und die Neger versicherten, daß sie es von ihren Portionen erspart hätten, um es ihren Weibern und Kindern mitzunehmen, befand ich mich in großer Verlegenheit, wie ich verfahren sollte, um, ohne die Gerechtigkeit zu verletzen, beyde Partheyen zu befriedigen, indem die Europäer ihre Beschuldigungen mit der größten Bitterkeit wiederhohlten, und die Sclaven ihre armen, bedrängten Cameraden eben so laut und heftig vertheidigten. Um der Sache ein Ende zu machen, stellte ich mich ganz barbarisch, befahl den Klägern einen Kreis zu schließen, in welchen die Beklagten hineintreten mußten, und rief dann mit donnernder Stimme, daß man einen Klotz und ein scharfes Beil bringen sollte. Mit innigem Vergnügen bemerkte ich, daß dieser feyerliche Apparat, und die Furcht, eine rasche und ungerechte That zu begehen, bald jeden Funken von Unwillen bey den Soldaten auslöschte, und sie mich eben so dringend um Gnade für die Verbrecher anfleheten, als sie vorher um ihre Bestrafung gebeten hatten. Ich stellte mich aber taub gegen alle Bitten, und befahl einem starken Neger, das Beil zur Hand zu nehmen, und damit das — Fleisch in drey gleiche Theile zu hauen. Eines davon gab ich den Klägern, das andere den Beklagten

und

und das dritte dem Scharfrichter, der seine Schuldigkeit so gut verrichtet hatte, und so endigte sich die Farce zur allgemeinen Zufriedenheit, und ich hörte weiter nichts von Diebstählen und Anklagen.

Den 26sten kam Fourgeoud mit seiner Party von Bucu zurück, wo er drey herumirrende Rebellen überfallen hatte, die unbewaffnet eine Kohlpalme zu ihrem Unterhalt fällten. Einer davon, Namens Passup, war entsprungen, den zweyten hatte man lebendig gegriffen, und dem dritten war die Lende mit einem Kartätschenschuß zerschmettert. In diesem Zustande hatte man ihm Hände und Füße zusammengebunden, und so mit herunterhängendem Kopf, wie ein Schwein oder ein Faß Bier an einer Stange, mit dem ganzen Gewicht seines Körpers an seinen zerschmetterten Gliedern hängend, mit Blut bedeckt, ohne Pflaster oder Verband, sechs Meilen weit durch den Wald getragen, da man ihn leicht hätte in einer von den übervorräthigen Hangmatten wegbringen können. Ich erstaunte über diese barbarische Handlung Fourgeouds, da ich nie bemerkt hatte, daß er bey ruhigem Blut grausam gegen Einzelne war, es sey denn, daß er gereizt wurde, wiewohl zuweilen durch mich geschahe; diese Trophäe seines Siegs aber hatte vermuthlich seiner Eitelkeit so geschmeichelt, daß seine Menschlichkeit darüber ganz zu Grunde ging. Nachdem

dem man den Unglücklichen auf einen Tisch ge=
legt hatte, bat ich einen der Wundärzte auf das
dringendste, ihn zu verbinden, und dieser, um
doch das Ansehen zu haben, als ob er etwas thä=
te, klebte ein Pflaster auf jedes Loch, wo eine
Kugel durchgegangen war, indem er versicherte,
er könnte unmöglich davon kommen, und dabey
ruhig ein Trinklied sang. Wie muß dem Un=
glücklichen dabey zu Muthe gewesen seyn! So
wie die Fieberhitze zunahm, bat er um etwas
Wasser, welches ich ihm sogleich in meinem Hut
reichte; er trank es, dankte mir freundlich, seufz=
te, und verschied augenblicklich, zu meiner größ=
ten Freude. Sein Camerad, welcher Septem=
ber hieß, war glücklicher; in Hofnung, daß er
Entdeckungen machen würde, behandelte ihn
Fourgeond besser als alle seine Officiere; er blickte
aber immer so scheu als ein wilder Fuchs umher,
und damit er nicht entspringen möchte, setzte man
ihn des Nachts in dem Stock. Den Verstorbenen
begruben die Negersclaven mit allen Zeichen des
Mitleids, welches sein unglückliches Schicksal von
jedem menschlichgesinnten Wesen hervorlocken
muste. Ihren Gebräuchen gemäß bedeckten sie
sein Grab mit grünen Palmzweigen und brach=
ten einen Theil ihrer dürftigen Portionen seinem
Schatten als ein Opfer dar.

Den 30sten November 1773 brach das gan=
ze Corps von Jerusalem auf, um wieder nach dem

Wa=

Wanabach zu marschiren; doch kehrten wir nicht auf eben dem Wege zurück, wo wir gekommen waren. Durch unsers Obersten Vergünstigung durften wir nun auch unsre Hangmatten unter einem Laubdach hängen, so daß wir wenigstens die Nächte bequemer zubrachten. An Lebensmitteln aber litten wir noch immer Mangel, indeß er Ueberfluß an allem hatte.

Unser Marsch daurte drey Tage lang bey gutem Wetter, so daß ich hätte ruhig schlafen können, hätte mich nicht auf Fourgeouds Befehl die Schildwache jede Nacht mit der Beschuldigung aufgeweckt, daß ich gepfiffen oder gesprochen.

Endlich den 3ten December kamen wir wieder am Wanabach an, und nun schmeichelte ich mir, ich würde mich nach einem ermüdenden Marsch recht durch den Schlaf erquicken können. Meine Hofnung ward aber wiederum vereitelt, indem die Schildwache mich wie gewöhnlich beschuldigte, da ich doch so fest schlief, daß sie mich einigemale anstoßen muste, ehe ich wach wurde. Ich fuhr endlich auf und leugnete die Beschuldigung; Fourgeoud aber, der in seiner Hangmatte aufrecht saß, schwur mit fürchterlicher Stimme, er wolle alle hängen und viertheilen, die sich seinen Befehlen widersetzten, wobey sein lautes Brüllen durch den dunklen Wald wiederhallte. Eine grausenvolle Stille folgte bald auf diesen Sturm, die ich aber plötzlich durch ein

schal-

schallendes Gelächter endigte, in welches augenblicklich so viel andre einstimmten, daß Fourgeoud, der die Stimmen nicht unterscheiden konnte, darunter brüllte wie ein Donnerwetter, wobey ihm eine große Kröte, die man Pipa nennt, und die er aus Liebhaberey in seiner Hütte duldete, mit ihrem heiseren Gekrächz accompagnirte. Endlich schwieg dieses vielstimmige Concert, es war mir aber unmöglich, wieder einzuschlafen, und ich erquickte mich am andern Tage durch einen Schlaf von ein Paar Stunden.

Den 6ten erhielt ich sechs Gallon Rum von Paramaribo, von denen ich vier dem Obersten schenkte.

Gegen Abend an eben diesem Tage brachten zwey unsrer Sclaven, die ausgegangen waren, Manicolezweige zu schneiden, die Nachricht, daß ein Trupp Rebellen, unter Anführung eines Capitain Arico, innerhalb einer Meile vom Lager, über den Cormotibo gegangen waren. Sie hatten mit ihnen gesprochen, waren aber so erschrocken gewesen, daß sie nicht bemerkten, welchen Weg sie nahmen.

Auf diese Nachricht erhielten wir sogleich Befehl, am andern Morgen mit Tages Anbruch zu marschiren, um ihrer Spur zu folgen. Eine Wache blieb bey den Vorräthen zurück, und wir begaben uns augenblicklich nach der Stelle, wo man sie gesehen hatte. Hier fanden wir einen

gro-

großen Baum im Flusse schwimmen, der am entgegenstehenden Ufer mit Stricken von der Schlingpflanze befestigt war, ein deutlicher Beweis, daß Arico mit seinen Leuten hier über das Wasser gegangen war, welches die Neger gewöhnlich auf die Art zu thun pflegen, daß sie einer hinter dem andern, selbst Weiber und Kinder, auf einem Baumstamm reiten, den die geübtern Schwimmer herüberziehen.

Ungeachtet dieses offenbaren Beweises fiel es unserm Obersten jetzt ein, zweifelhaft zu werden und zu behaupten, es wäre blos eine List der Rebellen, um uns irre zu leiten.

Weder ich noch die übrigen Officier konnten dieser Meynung beypflichten; aber alle unsre Gründe machten auf ihn keinen Eindruck, und wir marschirten dem zufolge gerade ostwärts, anstatt westwärts über den Fluß zu gehen, wie die schwarzen Jäger gethan haben würden. Auf diesem Wege gingen wir fort, bis es dunkel wurde, obgleich man das Brodt vergessen hatte, und auf den hohen, sandichten Haiden der Savannen kein Tropfen Wasser zu haben war. Gegen Abend kamen wir endlich an den Wanabach, und erquickten uns nach unserm langen Dursten an einem schwülen Tage.

Den 9ten befanden wir uns in unserm alten Lager, wo Fourgeoud den gefangenen September auf freyen Fuß stellte. Unser Alter war noch immer unermüdet, er ging nicht allein selbst über den Bach und recognoscirte das westliche Ufer, sondern ließ uns auch unsre Tornister füllen, und wieder in eben der Richtung, als den 8ten, weiter marschiren, in der festen Ueberzeugung, daß wir auf diesem Wege den Feind treffen müsten. Wir marschirten wieder bis es dunkel wurde, und lenkten dann nach einem alten Lager der Rebellen, wo wir die Nacht zubrachten, nachdem wir wieder den ganzen Tag keinen Tropfen Wasser gesehen hatten.

Den 10ten marschirten wir vorwärts, ohne den Feind oder Wasser zu finden. Die Leute fingen nunmehr an sehr matt zu werden, und viele muste man schon in den Hangmatten tragen, da die Hitze unerträglich war, indem wir uns mitten in der trockenen Jahreszeit befanden: In dieser Verlegenheit gruben wir ein sechs Fuß tiefes Loch und feuerten einige Flintenkugeln hinein, worauf ein wenig Feuchtigkeit an den Seiten heraus tröpfelte, die aber so dick und schwarz war, daß man sie durchaus nicht benutzen konnte.

Den 11ten setzten wir unsern Marsch bis gegen Abend, wiederum ohne Wasser, fort, und campirten in einem Acker voll Unkraut, wo ehedem die Rebellen ihre Plantagen hatten; es war kläglich, die Nacht hindurch das Gewimmer der armen Leute um Wasser zu hören, aber dem-

ungeachtet beharrte Fourgeoud auf seinem Vor=
satz, weiter vorwärts zu gehen, und schmeichelte
sich immer mit dem Wahn, daß wir einen Fluß
oder Bach finden würden, um unsern brennenden
Durst zu löschen. Diese Hofnung aber schlug
fehl, und nachdem wir den 12ten wieder bis
Mittag über heisse Sandwüsten marschirt hatten,
sank er unter vielen andern zu Boden, ein kläg=
licher Anblick, aus Mangel an Wasser, ihren
unerträglichen Durst zu stillen. Ein glücklicher
Umstand war es für uns, daß kein Feind in der
Nähe war, uns anzugreifen, weil wir nicht den
geringsten Widerstand machen konnten, und der
Boden ringsum mit Menschen besäet war, die
in einem brennenden Fieberanfalle zu lechzen schie=
nen. Die Verzweiflung mahlte sich jetzt sogar
auf Fourgeouds Gesicht, indem er mit schwar=
zer, ausgedorrter Zunge und Lippen auf der Er=
de ausgestreckt lag, und in diesem Zustande ward
wieder mein ganzes Mitleid für ihn rege, so we=
nig er es auch verdienen mochte.

Ungeachtet ihres Durstes verzeheten dennoch
einige Soldaten immerfort ihr gesalzenes Schweins=
fleisch, indem andre auf Händen und Füßen umher
krochen und die kärglichen Thautropfen von den
abgefallenen Blättern leckten, die auf der Erde
herum lagen. Ich erfuhr bey dieser Gelegen=
heit, wie dankbar Neger seyn können, wenn sie
gut behandelt werden, indem einer von den mei=

K 2 ni=

nigen mir eine große Calibaſſe von ſo vortreffli-
chem Waſſer brachte, als ich je in meinem Leben
gekoſtet hatte; dieſes hatte er nach unſäglicher
Mühe in den Blättern einiger wilden Ananas-
ſtauden gefunden, aus denen man es auf folgende Art gewinnt:

Man faßt die Staude mit einer Hand, und
ſondert ſie durch die dicken untern Blätter mit einem Säbelhiebe von der Wurzel ab. Dann hält
man ſie über eine Schaale oder einen hohlen Kürbis, und aus jeder Staude fließt beynahe ein
Maaß klares, kühles Waſſer. Dieſes Waſſer
war in der Regenzeit in den hohlen Blättern der
Pflanzen aufgefangen. Eine kleine Erquickung
gewährte den erſchöpften Regern auch die ſoge-
nannte Waſſerwinde, welches eine Gattung von
ſehr dicken, wilden Weinranken ſind, die an ſan-
dichten Stellen häufig wachſen. Dieſe ſchlitzt man
in langen Stücken auf, und hält ſie ſchnell an
den Mund, wo denn ein angenehmes, kühles
und geſundes Getränk herausfließt, welches in
den dürren Wäldern von Guiana große Dienſte
leiſtet.

Da mir die Vorſehung ſo gütig dieſe Erquickung zugeſandt hatte, konnte ich dem Verlangen
nicht widerſtehen, meinen Vorrath mit dem armen Fourgeoud zu theilen, deſſen Alter und kör-
perliche Schwächen ſo laut zu ſeinem Beſten ſpra-
chen. Nachdem er ſich nun erquickt hatte, fand

er

er sich genöthigt, dennoch umzukehren, ohne den Feind gesehen zu haben.

Als das einzige Hülfsmittel aber schickte er doch noch den Neger Gawsary aus Berbice allein ab, um die Spur der Feinde auszuforschen, indeß wir den Rückmarsch antraten. Indem wir nun zurückgingen, näherten wir uns der Grube, die wir am vorhergehenden Tage gegraben hatten, und da ich überzeugt war, es müsse sich jetzt klares Wasser darin gesammelt haben, schickte ich meinen Knaben Quaco voran, um eine meiner Bouteillen anzufüllen, ehe es getrübt würde. Unglücklicherweise begegnete ihm auf dem Rückwege der Oberste, der ohne Erbarmen die Bouteille mit seinem Flintenkolben zerschlug, und sogleich zwey Schildwachen an die Grube stellte, um das Wasser für sich und seine Günstlinge aufzubewahren. In dieser Noth aber hatte alle Subordination ein Ende, die beyden Soldaten wurden in die Grube gedrängt, und einige andre darüber her, in dem Bestreben, sich des Wassers zu bemächtigen; dies ward dadurch so völlig aufgerührt, daß niemand es benutzen konnte. Wir campirten diese Nacht wieder in einem alten Lager der Rebellen, und hier ward jedem ohne Unterschied ein Schluck von schlechtem Rum ausgetheilt; da ich aber dergleichen nie zu genießen pflegte, gab ich meine Portion dem treuen Neger, der mir das Wasser verschafft hatte, Rum aber

aber hatte Fourgeoud dies bemerkt, so riß er es dem armen Kerl aus der Hand, und goß es wieder in den irdenen Krug, mit der Aeußerung, ich müste es entweder selbst trinken oder nichts davon haben. Ich war über diesen schreyenden Undank höchst aufgebracht, und da ich an eben den Abend Mittel fand, mir eine ganze Bouteille zu verschaffen, schenkte ich sie dem Sclaven zur Schadloshaltung.

Gegen Mitternacht entdeckte man zufälligerweise gutes Wasser. — Großer Gott! — welche freudige Nachricht! — wie lieblich war der Geschmack, treflicher als alle Weine. Zeitlebens werde ich mit Dank daran gedenken! Nun tranken alle nach Herzenslust, und Fourgeoud bestellte sich ein warmes Abendbrod, aber kein andrer durfte sich ein Feuer anmachen, und es ward sogar verboten, einen einzigen Stock abzuschneiden, so daß wir nochmals unser Pöckelfleisch roh essen musten. Ich band indessen mein Stückchen ruhig an einen Bindfaden, und hieng es in aller Stille über den Rand seines Kessels, um es mit kochen zu lassen; unglücklicherweise aber ließ sein schwarzer Koch in seiner Bereitwilligkeit mir zu dienen ein Stück Holz auf ein andres fallen, und dadurch ward unser Held aufgeschreckt, ich ließ also geschwinde mein Stückchen Fleisch in den Kessel fallen, und machte mich davon.

Der alte Herr versicherte indeß, es hätte jemand Holz gehackt, und um ihn zu wiederlegen, trat ich im Dunkeln an seine Hangmatte, und versicherte ihm leise, das ganze Lager läge im tiefen Schlaf. Aber unter dem Vorwand, daß er mich nicht erkannte, erhob er ein lautes Geschrey, und packte mich mit beyden Händen an den Haaren; ich riß aus und kam glücklich in mein Lager, indeß er in einem fort schrie, schießt nach ihm, schießt nach ihm, zur großen Belustigung des ganzen Lagers, welches in ein lautes Gelächter ausbrach. Mittlerweile hatte ich meinen Knaben Quaco aufgetrieben, und schickte ihn ab, um mein Stückchen Fleisch zu holen; er benahm sich bey diesem Auftrage auch sehr geschickt, und brachte ein wenigstens zehnmal größeres Stück, als das meinige, zurück, womit ich zu meiner großen Freude meine armen Sclaven bewirthen konnte; und so endigte sich dieser merkwürdige Tag.

Den 13ten erreichten wir wieder den Wanabach, durch unsre ganz fruchtlosen Leiden und Beschwerden unaussprechlich ermüdet.

Unser alter Oberste bewirthete hier seine Freunde mit meinem Rum in meiner Gegenwart, ohne mir einen einzigen Tropfen davon anzubieten. Hier fand ich einen Brief von der Insel Ceylon in Ostindien, von meinem Freunde und Verwandten, Herrn Arnoldus de Ly, der Gouverneur von Punto Gale war, und mich einlud, unter sehr vortheilhaften Bedingungen zu ihm zu kommen. Das Schicksal erlaubte mir aber nicht, diese schönen Vorschläge anzunehmen, indem ich den Dienst damals nicht verlassen durfte.

Da man während diesem ganzen Zeitraum keine Nachrichten vom Capitain Friedericy erhalten, der am 20sten des vorhergehenden Monats Jerusalem mit vierzig Mann Schwarzen und Weißen verlassen hatte, fieng man an, um sein Schicksal besorgt zu werden, und den 15ten December wurden zwey Capitains und funfzig Mann nach dem Marawina detaschirt, um dort Nachrichten einzuziehen.

An eben dem Tage wurden die Barken abgeschickt, um Lebensmittel zu hohlen, und die Kranken in das Hospital zu führen. Die Ruhr fieng jetzt an, schrecklich unter uns zu wüthen, und kein Tag verging, wo nicht mehrere ihren Geist aufgaben. Ein Brechmittel oder irgend ein anderes Medicament nach Gutdünken gegeben, war das einzige, das wir zur Erleichterung der Kranken thun konnten, da wir keinen Chirurgus bey uns hatten, indem alle bey dem Hospital zu Cosmawina oder Paramaribo hinlänglich beschäftigt waren.

Die armen Sclaven waren vorzüglich unglücklich, indem man sie seit Monaten auf halbe Portionen gesetzt hatte, wodurch sie sich gezwungen

gen sahen, die Früchte der Kokspalme, Saamen, Wurzeln und wilde Beeren zu genießen, und diesem Umstand konnte man hauptsächlich die Entstehung dieser gefährlichen Krankheit zuschreiben. Die armen Neger waren auch in einem solchen Grade ausgehungert, daß sie sich Stricke oder Rebis um den Leib banden, um die Schmerzen, die der Hunger ihnen verursachte, durch Zusammenziehung des Unterleibes weniger zu empfinden. Noch waren ich und einige wenige andre von der Ansteckung frey geblieben, dafür aber litte ich an einem abscheulichen Catarrh, und an einer Geschwulst am Fuß, die man hier zu Lande Consaça nennt. Sie hat einige Aehnlichkeit mit den in Europa bekannten Frostbeulen, und verursacht ein unerträgliches Jucken zwischen den Zehen, wo eine wässerichte Feuchtigkeit herausdringt.

Die Neger sind diesem Uebel häufig unterworfen, und pflegen es zu heilen, indem sie die Schaale einer Citrone oder Limonie, so heiß als sie es vertragen können, auf die leidende Stelle legen.

Wie unsre Speisen beschaffen waren, wird man aus dem obigen ziemlich bestimmt abnehmen können. Hauptsächlich bestanden sie in Pökel-Rind- und Schweinefleisch, Zwieback und Wasser. Ersteres ward regelmäßig alle fünf bis sechs Tage ausgetheilt, war aber so grün, so

mit

mit Schleim überzogen, so übelriechend, und zuweilen so voll Maden, daß mir zu einer andern Zeit dafür geekelt hätte, die Noth aber machte alles genießbar. Jetzt will ich auch ein Paar Worte von unsern Geräthschaften sagen. Das vornehmste Stück von diesen war ein viereckichter Kasten für jeden Officier, in dem sich seine Wäsche, frische Lebensmittel und Brandtwein befanden, wenn nemlich von den beyden letztern etwas vorräthig war. Im Lager dienten diese nicht allein zum Schrank, sondern auch statt Stuhl und Tisch, und während dem Marsch trug sie ein Neger auf dem Kopf.

Außerdem hatte ich weder Teller, Napf, Gabel noch Löffel; statt der beyden erstern diente eine Calibasse oder hohler Kürbis, und wenn ich einen Löffel brauchte, nahm ich ein zusammengelegtes Blatt, wie die Neger zu thun pflegen, ein Messer aber führte jeder bey sich. Am meisten empfand ich den Mangel einer Lampe, indem es hier um sechs Uhr schon dunkel ward, und die Abende mir, sobald der Mond nicht schien, unglaublich lang und melancholisch waren. Endlich machte ich mir eine Lampe aus einer zerbrochenen Bouteille, statt des Oels diente etwas zerlaßnes Schweinfett, und ein Lappen meines Hemdes war der Tocht; so erfinderisch macht die Noth, und so geneigt mit allem vorlieb zu nehmen. In der That würde ich jetzt oft mit dem lebhaftesten

Dank

Dank angenommen haben, was ich ehedem auf den Tellern liegen ließ.

Wenn wir eben nichts zu thun hatten, und in unsern Lagern stille lagen, beschäftigten sich die Neger häufig, zierliche Körbe von verschiedener Art zu flechten; ich lernte ihnen auch diese Kunst ab, und vertrieb mir oft damit die Zeit, und schickte die Früchte meiner Arbeiten nach Paramaribo als Geschenke. Diese Körbe waren aus den Fasern der Kohlpalmenrinde verfertiget, die man in dünne Fäden zerlegen kann, welche fest, glänzend, von brauner Farbe, und so zähe als Fischbein sind. Um die Marken beym Kartenspiel aufzubewahren, sind sie äusserst nett und passend. Die größern Körbe aber zu Früchten, Gemüse und dergleichen macht man aus einer Art Binsen, die gespalten und von dem innern Mark gereinigt werden. Auch machen die Neger dergleichen von den oben erwähnten Schlingpflanzen; sie flechten auch saubere Netze, und sogar Hangmatten aus dem Seidengrase.

In den Wäldern wächst häufig eine Aloe mit gekerbten, stachlichten Blättern, welche der Länge nach sehr feste und feine, weiße Fasern enthalten, die man durch Klopfen und Quetschen wie Hanf verarbeitet, und alsdenn vortrefliche, feste Stricke daraus macht. Verdärben sie nicht so leicht im Wasser, so würden sie äusserst brauchbar zu allem Takelwerk auf Schiffen seyn. Diese

Art

Art Hanf hat so viel Aehnlichkeit mit weißer Seide, daß die Einfuhr desselben an manchen Orten verboten ist, um Misbräuche zu verhüten, weil man ihn so leicht mit Seide vermischen kann. Die Eingebohrnen nennen diese Pflanze Curetta, und bey den Colonisten heißt sie indianische Seife, indem sie eine seifenartige, breyähnliche Substanz enthält, die man auch statt gemeiner Seife mit gutem Erfolg durchgängig braucht.

Unser ganzes Lager befand sich nunmehr in einem traurigen Zustande, ohne Schuhe, Strümpfe und Hüte, so daß selbst der Oberste einen ganzen Tag mit bloßen Füßen marschirte, um den Leuten ein Beyspiel von Geduld und Beharrlichkeit zu geben. Ich hatte in diesem Stücke einen Vortheil vor allen Europäern voraus, indem meine Haut durch die lange Gewohnheit, mit bloßen Füßen zu gehen, die oben erwähnte Geschwulst und einige Risse abgerechnet, völlig heil war; die andern hatten durchgängig schrecklich eiternde Geschwüre an den Füßen. Die Unreinlichkeit hatte an diesen Uebeln großen Theil, indem die Leute, so lange sie noch Schuhe und Strümpfe hatten, sie nie von den Füßen zogen, sondern nachdem sie durch Wasser, Sumpf und Morast gewatet hatten, sich mit diesem Unrath in ihre Hangmatten legten, wo bey gutem Wetter dieser Schmutz auf ihren Gliedern trocknete, und unleidliches Jucken auf der Haut erregte; durch

das

das Kratzen entstanden sehr leicht offne Schäden, die in der Folge, aus Mangel an Pflege und Reinlichkeit, in Geschwulst und Brand ausarteten, wodurch viele ihre Glieder, und manche sogar ihr Leben einbüßten.

Um diese Zeit erhielt ich einen schönen Schinken und ein Dutzend Bouteillen rothen Portwein zum Geschenk, welche ich sogleich, vier Bouteillen ausgenommen, dem armen Obersten verehrte, der von den Mühseligkeiten unsers Zustandes ganz erschöpft war, und den Tag darauf, den 29sten, hatte ich die Ehre, mit dem Obersten de Borgnes nebst vierzig Mann detaschirt zu werden, um noch einen Versuch zu machen, die Rebellen aufzufinden, die vor drey Wochen über den Bach gegangen waren.

Wir fuhren in einer Barke den Fluß hinunter, brachten die Nacht in derselben zu, und marschirten am folgenden Morgen Nordostwärts. Da wir aber keinen Compaß bey uns hatten, kamen wir bald von dieser Richtung ab, und campirten, nachdem wir eine große sandichte Wüste durchmarschirt waren, am Rande eines finstern, undurchdringlichen Waldes. Den Tag darauf gingen wir in der nemlichen Richtung weiter, in der Hofnung, die Zeichen eines ehemaligen Pfades zu finden, die unsre Truppen an den Bäumen eingeschnitten hätten. Wir irrten uns aber, und geriethen in einem Sumpf, wo wir geraume me Zeit bis ans Knie im Waſſer wateten, und Gefahr liefen, zu erſaufen, doch endlich auf eben dem Wege zurückkehren muſten, ſo daß wir nach einem forcirten Marſch, ganz durchweicht in einem der heftigſten Regengüſſe, die ich je erlebt habe, wieder an den Ufern des Cormotibo ankamen. Die Eilfertigkeit und Verwirrung, mit welcher hier jeder bemüht war, ſich gegen den Regen zu ſchützen, war ſo groß, daß ich ein tüchtiges Loch in den Kopf bey der Gelegenheit bekam; ich ließ mich aber dadurch nicht ſtören, ſondern war einer von den erſten, der ſeine Hangmatte zu Stande brachte; über dieſe deckte ich grüne Zweige, zündete unter derſelben ein tüchtiges Feuer an, wodurch ich mitten im Rauch, der mich gegen die Stiche der Musquitos ſchützte, in den tiefſten Schlaf verſank.

Nach einem ſechs bis ſiebenſtündigen Schlaf trotz dem Regen, dem Rauch, den Mücken und meiner Wunde am Kopf, ſtand ich ganz erfriſcht auf, und wir marſchirten mit dem Anfang des Jahres 1774 längs den Cormotibo, bis wir gegen Mittag unſer Lager mit vielen Beſchwerden erreichten.

Den 3ten kehrte zu unſerer großen Freude auch Capitain Friedericy mit ſeinem Detaſchement zurück; er brachte einen gefangenen Neger, Namens Cupido, mit, und erzählte, daß ein armer Soldat von den Societätstruppen, der eines

Verbrechens wegen erschossen werden sollte, als er plötzlich seinen Pardon erhalten, den Verstand darüber verlohren hätte.

Endlich faßte unser Oberste den Entschluß, diese Campagne zu endigen, und schickte zu dem Ende sechszig Mann den Patamaca hinauf, vor uns her zu kreuzen.

Ich wusch noch vor unserm Abmarsch mein letztes Hemde im Wanabach, und war genöthigt, so lange herum zu schwimmen, bis es trocken war, indem ein Brief, den ich nach Paramaribo geschrieben hatte, um Wäsche zu erhalten, nie angekommen war, und meine übrigen Hemden alle in Lumpen zerrissen waren.

Den 4ten Januar war alles zu unserm Aufbruch in Bereitschaft, und nachdem wir die Kranken zu Wasser nach der Teufelsherberge abgefertigt hatten, gingen wir über den Cormotibo, und marschirten dann gerade südwärts nach Patamaca, über steinigte, erzreiche Berge. Gegen Abend campirten wir am Fuß eines hohen Berges, wo wir die zwey Haupterfordernisse einen Quell mit gutem Wasser, und eine Menge Manicolebäume fanden.

Diese Nacht ward das ganze Lager von einer Diarrhee überfallen, welche von dem Genuß des hiesigen, zwar sehr reinen, aber so stark mit mineralischen Theilen geschwängerten Wassers herrührte, daß es beynahe wie Spaawasser schmeck-

schmeckte; ein ziemlich sicherer Beweis, daß die Berge in dieser Gegend Metalle enthalten.

Den 5ten marschirten wir wieder über Berge und Thäler, von denen einige so steil waren, daß die Sclaven ihre Lasten hinwarfen, und davon liefen, jedoch nicht zu dem Feinde, sondern zu ihrem Herrn nach Hause, wo sie begnadigt wurden. Einige andre aber, die den Versuch machten, hinunter zu steigen, stürzten mit ihren Lasten zusammen, von oben bis unten hinab.

Am Abend dieses Tages fanden wir unsre Quartiere schon bereitet, indem wir in den Hütten übernachteten, welche man hatte stehen lassen, als das Reisland verheert und Bonny mit seiner Mannschaft in die Flucht gejagt wurde.

Das Haus dieses Rebellen, in dem Fourgeoud logirte, war eine wahre Seltenheit, indem es aus vier kleinen niedlichen Zimmern bestand, und einer Verande oder bedeckten Gang mit saubern Pallisaden von Manicolezweigen eingefaßt.

Den 6ten war das ganze Corps sehr ermüdet, und es ward daher ein allgemeiner Rasttag angesetzt, nur Capitain Friedericy wurde mit sechs Mann detaschirt, um die Ufer des Claasbaches zu recognosciren, weil er die Gegend am besten kannte. Kaum war diese kleine Parthey abmarschirt, als der Blick des Befehlshabers zufällig auf mich fiel, und mir befahl, ihnen allein

zu

zu folgen und Nachricht zurück zu bringen, was wir jenseits entdecken würden. Ich gehorchte und hohlte sie bald ein, und nach einem kurzen Marsch befanden wir uns bis an die Armhöhlen im Wasser. Capitain Friederich befahl jetzt die Retraite, ich ersuchte ihn aber, mich zu erwarten, zog meine Kleider aus, nahm meinen Säbel zwischen den Zähnen und schwamm so über den Bach; hier durchsuchte ich das jenseitige Ufer, und nachdem ich nichts gefunden hatte, schwamm ich wieder herüber, und wir kehrten insgesammt zum Lager zurück.

Gegen Mittag, als ich meinen Bericht an den Obersten abstattete, erstaunte er über diese verwegene Handlung, die er nicht erwartet hatte; nicht weniger aber erstaunte ich, als er mir hierauf eine Bouteille Wein vorsetzte und seinem Kammerdiener befahl, etwas Schinken zu bringen, noch mehr aber, als ich bey näherer Untersuchung fand, daß ersterer wirklich sauer und letzterer voller Maden war, da er doch so kürzlich frische Lebensmittel von mir bekommen hatte. Diese Niederträchtigkeit brachte mich dermaßen auf, daß ich plötzlich aufsprang, Fourgeoud, seinen Kammerdiener, seinen Wein und sein Ungeziefer mit verdienter Verachtung verließ, und meinen Hunger mit einem trockenen Zwieback und einem geräucherten Fisch sättigte, den mir ein Neger gegeben hatte.

Gegen Abend, den 7ten, campirten wir am Patamacabach, und als Capitain Friedericy und ich hier ausserhalb dem Lager in einer sandigen Savannah spatzieren giengen, bemerkten wir die frischen Spuren einer großen Tiegerin mit ihren Jungen; da sie aber zu dieser Zeit vorzüglich wild zu seyn pflegen, hielten wir es für das klügste, uns in der Stille zurückzuziehen. Ich maaß indessen die Fußstapfen der Mutter im Sande, und fand, daß sie im Durchschnitte nicht viel kleiner als ein gewöhnlicher zinnerner Teller waren.

Den 8ten, nach einem Marsche von einigen Stunden, erreichten wir endlich den Societätsposten la Rochelle in Patamaca. Aber eine solche Bande ausgehungerter, verbrannter, lumpichter Kerle, ohne Schuhe, Strümpfe oder Hüte, ist schwerlich seit Erschaffung der Welt gesehen worden. Ein Trupp Zigeuner würden im Vergleich mit uns in einem anständigen Aufzuge erschienen seyn; ich selbst hatte nichts auf dem Leibe, als mein einziges bunt leinenes Hemde, und ein halbes Paar Schifferhosen, wovon die andere Hälfte in den Wäldern hängen geblieben war. Hier fanden wir einen neuen Haufen Unglücklicher, die im Begriff waren, den Marsch, von den wir zurückkamen, anzutreten, und also auch eben das unendliche Elend erdulden sollten, welches wir ausgestanden hatten.

Der

Der Leser kann sich von unserm ausgehungerten Zustande einen Begriff machen, wenn ich ihm sage, daß ich einer Frau, die, gerade als wir ankamen, ihre Abendmahlzeit von Pisangsuppe aus einer Kürbißschaale speiste, einen Thaler hinwarf, und den Napf aus den Händen riß, die elende Kost mit einem Heißhunger und einem Wohlgeschmack verzehrte, desgleichen ich nie, weder vorher noch nachher, empfunden habe. Ich ermahnte nunmehr den Obersten, seine übrige Mannschaft mit frischem Fleisch und Gemüse zu erquicken, und ihnen Hüte, Strümpfe und Schuhe anzuschaffen. Er antwortete mir aber, daß Hannibal seine Armee in Capua durch zu vielem Genuß und Wohlleben verlohren hätte; auch schien er völlig überzeugt, daß der Soldat sich nie tapferer beträgt, als wenn er seines Lebens überdrüßig ist.

Den 12ten benachrichtigte mich Fourgeoud in eigener Person, daß es bey mir stünde, nach Paramaribo abzugehen, sobald ich wollte, um mich zu erhohlen. Ich nahm dieses Anerbieten bereitwilligst an, und machte sogleich mit einigen andern Officieren Anstalten, unsre armen Cameraden zu verlassen, unter denen ein gewisser Capitain von den Societätstruppen mich versicherte, er hätte sich die ganze Zeit über nie gewaschen, gekämmt oder rasirt, keine weisse Wäsche angelegt, und selbst die Stiefeln nie ausgezogen, ehe ihm nicht alles vom Leibe gefault wäre. Endlich rückte die glückliche Stunde heran, wo wir von unsern zerlumpten Cameraden Abschied nahmen, und ich nebst fünf andern in einem bedeckten Fahrzeug mit sechs Ruderern gerade nach Paramaribo schifften, zum Glück noch völlig gesund, und in der heitersten, fröhlichsten Laune über unsre angenehmen Aussichten.

Bey der Teufelöherberge traf ich eine Ladung von Thee, Caffee, Zwieback, Butter, Zucker, Citronen, Rum und zwanzig Bouteillen rothen Wein, den mir meine Freunde nach la Rochelle sandten, und die ich, aller von ihm erlittenen Mißhandlungen unerachtet, an den armen Fourgeoud übermachte, zwölf Bouteillen Wein ausgenommen, die wir auf die Gesundheit unsrer Weiber und Liebsten in der Barke austranken. In der That konnte ich nicht umhin, den armen Obersten zu bedauren, dessen Alter (denn er war nahe an sechzig) und unermüdete Thätigkeit selbst dem Gleichgültigsten Achtung abzwingen musten. Er hatte zwar auf diesem Marsch nur wenige Rebellen gefangen, aber nichts destoweniger die Wälder vom Fluß Comawina bis an die Mündung des Wanabaches durchstöbert, den Feind zerstreut, seine Wohnungen, Felder und Gärten verwüstet, und ihn so alle Mittel des Unterhalts abgeschnitten.

Den

Den 15ten landete ich in Paramaribo, vor der Thüre meines Freundes, de la Marre, unter einem Schwarm meiner Freunde, die alle herbeygelaufen waren, mich zu bewillkommen.

Mein erstes Geschäft war, meine theure Johanna hohlen zu lassen, die, sobald sie mich erblickte, in einen Strom von Thränen ausbrach, theils vor Freude, mich noch am Leben zu sehen, denn das Gerüchte hatte mich todt gesagt, theils aus Betrübniß über meinen kläglichen Zustand.

Neuntes Kapitel.

Da ich nunmehr wieder in Paramaribo bin, will ich hier eine kleine Beschreibung dieses schönen Orts anbringen. Ich habe schon oben bemerkt, daß die Stadt an dem rechten Ufer des Surinamflusses sechszehn bis achtzehn Meilen von der Mündung liegt. Sie ist auf einem kiesartigen Felsen, von gleicher Höhe mit der umliegenden Gegend, in einem länglichten Viereck erbaut, dessen Länge etwa anderthalb englische Meilen, und die Breite etwa halb so viel beträgt. Alle Straßen sind schnurgerade, und mit Pomeranzen, Pompelmuß, Tamarinden und Citronenbäumen bepflanzt, die in immerwährender Blüthe stehen, indeß ihre Zweige mit den schönsten Früchten belastet sind. Die Straßen sind nicht gepflastert, sondern mit feinem Kiessand bestreut,

wie

wie in den Gängen der englischen Gärten üblich
ist, und oben über demselben liegt eine Schicht
von Muscheln. Die Häuser, die mehrentheils zwey
auch drey Stockwerke haben, sind durchgängig
von schönem, festem Holz aufgeführt, mit einer
Grundlage von Backsteinen; oben sind sie mit
Schindeln gedeckt. Glasfenster sind hier sehr
ungewöhnlich, indem die große Hitze sie unbe=
quem macht; dagegen aber bedient man sich
durchgängig des Kammertuches in Rahmen ge=
spannt. Viele haben auch nur Läden, die von
sechs Uhr Morgens bis sechs Uhr Abends offen
stehen. Schornsteine findet man nirgends in der
Colonie, indem man nie Feuer anzündet, außer
in der Küche, die immer in einiger Entfernung
von dem Wohnhause erbaut ist, und wo man
die Speisen auf der Erde bereitet, und der Rauch
durch ein Loch im Dach entschlüpft. Diese höl=
zernen Häuser sind nichts destoweniger sehr theuer,
und der Gouverneur Nepveu baute sich vor kur=
zem eines, daß ihm mehr als 15000 Pf. St.
kostete. In ganz Paramaribo giebt es kein Quell=
wasser, die meisten Häuser haben aber in den
Fels gehauene Brunnen, die nur ein schlechtes,
übelschmeckendes Wasser enthalten, dessen sich blos
die Neger und das Vieh bedienen. Die Euro=
päer aber haben Cisternen, in denen sie das Re=
genwasser auffangen, und es nachher durch Fil=
trirsteine in große steinerne Krüge durchseigen,

wel=

welche von den Eingebohrnen gemacht werden. Die Einwohner dieses Landes von allen Ständen schlafen in Hangmatten, die Neger ausgenommen, welche auf der Erde liegen. Bey den Vornehmern sind diese Hangmatten von Baumwolle mit reichen Franzen geziert; die Eingebohrnen verfertigen sie ebenfalls, und eine einzige gilt zuweilen zwanzig Guineen. Man braucht wegen der Hitze weder Betten noch Deckbette, und nur einen Umhang, die Musquitos abzuhalten. Einige wenige schlafen aber doch in Bettstellen mit Vorhängen von Flor, wo die Luft durchstreichen kann, und die doch dicht genug sind, um das kleinste Insect abzuwehren. Die Häuser in Paramaribo sind gewöhnlich sehr zierlich mit Gemälden, Vergoldungen, porzellainen Vasen und crystallenen Kronleuchtern geschmückt. Die Wände sind weder tapeziert noch mit Kalk überzogen, sondern durchgängig mit schönen Cedern, Brasilien oder Mahagunnholz getäfelt.

Man schätzt die Anzahl der Häuser in Paramaribo auf 1400, von denen der Pallast des Gouverneurs das vornehmste ist. Dieses hängt vermittelst eines heimlichen Durchganges durch den Garten mit dem Fort Zelandia zusammen. Es ist nebst dem Hause des Commandanten das einzige Gebäude von Backsteinen in der ganzen Colonie. Das Rathhaus ist ein schönes, neues, mit Dachziegeln gedecktes Gebäude.

de. In demselben werden die verschiedenen Gerichte gehalten, und unter demselben sind die Gefängnisse für europäische Verbrecher, die vom Militair ausgenommen, die im Fort Zelandia verwahrt werden. Die protestantische Kirche, wo Gottesdienst in französischer und holländischer Sprache gehalten wird, hat einen kleinen Thurm mit einer Uhr. Außerdem sind hier eine lutherische Kapelle, und zwey schöne jüdische Synagogen, eine deutsche und eine portugiesische. Hier ist auch ein großes Lazareth für die Garnison, welches nie unbesetzt ist. Die Kriegsvorräthe werden in dem Fort aufbewahrt, wo man auch Casernen für die Societätstruppen und Zimmer für einige Officiere findet. Paramaribo hat eine ganz vortrefliche Rhede, der Fluß gerade vor der Stadt ist mehr als eine englische Meile breit, und zu gleicher Zeit erblickt man über hundert ansehnliche Schiffe in demselben, die nur einen Pistolenschuß weit vom Ufer vor Anker liegen. Selten sieht man daselbst eine geringere Zahl als achtzig, welche Zucker, Caffee, Cacao, Baumwolle und Indigo für Holland laden, die Guineafahrer, welche Sclaven von Afrika, und die Schiffe von Nordamerika und den Inseln unter dem Winde mitgerechnet, welche Mehl, gepöckelt Rind- und Schweinefleisch, Brandwein, Heringe, gesalzene Mackrelen, Spermacetilichter, Pferde und Holzwaaren bringen, wofür sie

haupt=

hauptsächlich Syrup mitnehmen, um Rum daraus zu distilliren. Die Stadt ist nicht befestigt, sondern wird gegen Südosten von dem Fluß begrenzt; gegen Westen von einer großen Savannah; gegen Nordosten von einem undurchdringlichen Walde; und gegen Osten deckt sie das Fort. Die Citadelle wird von der Stadt nur durch eine große Esplanade getrennt, auf welcher die Truppen gelegentlich exerciren. Das Fort ist ein regelmäßiges Fünfeck, mit einem Thor nach der Stadtseite, und zwey Bastionen, welche den Fluß übersehen; es ist zwar klein, aber sehr fest, aus gehauenen Steinen erbaut, und mit einem breiten Graben umgeben. Auch hat es einige Aussenwerke. An der Ostseite gegenüber den Fluß ist eine Batterie von ein und zwanzig Canonen.

Paramaribo ist ein sehr lebhafter Ort, und die Straßen sind immer gedrängt voll Pflanzer, Matrosen, Soldaten, Juden, Indianer und Neger, indeß der Fluß beständig mit Fahrzeugen aller Gattung in steter Bewegung bedeckt ist. Die Equipagen und Kleidung der Reichen sind sehr prächtig. Stickereyen, genuesische Sammette, Juwelen und goldne und silberne Tressen werden gewöhnlich getragen, selbst die Capitains der Kauffartheyschiffe erscheinen mit Knöpfen und Schnallen von massivem Gold. Ein eben so großer Luxus herrscht bey der Tafel, wo alle Leckereyen

ohne

ohne Rücksicht auf den Preis angeschaft, und in Porzellain und Silberzeug von der neuesten Façon servirt werden. Vornehmlich aber zeigen sie ihren Reichthum in der Menge der Sclaven, die sie zu ihrer Bedienung haben, und deren man bisweilen zwanzig bis dreyßig in einem Hause findet. Europäische Bedienten giebt es sehr selten.

Das gewöhnlichste Geld im Umlauf sind gestempelte Carten von verschiedenem Werth, von fünf Schilling Sterling bis dreyßig Pfund. Gold= und Silbermünze ist so rar, daß man sie mit zehn Procent Agio ausgiebt. Eine geringe Münze, hier Bit genannt, am Werth etwa vier Groschen, cursirt hier ebenfalls. Man findet hier auch portugiesische und englische Münzen, gewöhnlich aber dienen sie nur den Mulatten, Mastizen und Negermädchen zum Zierrath. Die Negersclaven bekommen nie Papiergeld, denn da sie nicht lesen können, würden sie zu oft Gefahr laufen, betrogen zu werden; außerdem würde es in ihren Händen vielen Zufällen unterworfen seyn, durch Kinder, Feuer und dergleichen, und vorzüglich wenn es anfienge schmierig zu werden durch die Ratzen.

Die Stadt wird reichlich mit Lebensmitteln versehen; nemlich mit Fleisch, Federvieh, Fische und Wildpret. Vorzüglich ist hier ein Ueberfluß an Gemüsen aller Art, und außer den einheimischen

schen Leckereyen wird noch alles eingeführt, was
Europa, Asien und Afrika hervorbringen. Demungeachtet sind die Lebensmittel gewöhnlich in
ungeheuren Preise, vorzüglich die auswärtigen,
mit denen die Juden und Schiffcapitains handeln.
Erstere genießen in dieser Colonie außerordentliche Vorrechte, und letztere errichten während
ihres Hierseyns Magazine, wo sie mit ihren mit-
gebrachten Waaren Handel treiben, indeß ihre
Schiffe mit den Landesprodukten beladen werden.
Waizenmehl kostet vier englische Pence bis einen
Schilling das Pfund; Butter zwey Schillinge;
frisch Fleisch nie weniger als einen Schilling;
Enten oder Hühner drey bis vier Schilling das
Paar. Für einen Truthahn habe ich zuweilen
eine und eine halbe Guinee bezahlt. Für fünf
Groschen bekömmt man fünf Eyer und zwölf europäische Kartoffeln. Der Wein kostet einen Thaler die Bouteille. Jamaika Rum einen Thaler
und sechszehn Groschen der Gallon von vier Kan-
nen. Fische und Gemüse sind wohlfeil und Früchte bekömmt man beynahe umsonst. Mein Knabe Quaco hat mir öfters vierzig Stück Apfelsinen für vier Groschen, und sechs Ananas für
den nemlichen Preis gebracht. Tamarinden und
Limonien aber kann man für die Mühe des Auf-
sammelns haben. Hausmiethe ist außerordent-
lich theuer. Ein kleines, unmöblirtes Zimmer
kostet monatlich drey bis vier Guineen, und für

ein

ein Haus mit zwey Zimmern in einem Stockwerk zahlt man hundert Guineen jährlich. Ein Paar Schuhe kosten eine halbe Guinee, und für ein Kleid mit silbernen Schnüren habe ich zwanzig Guineen bezahlen müssen.

Man schätzt die Anzahl der Weissen oder Europäer in der Stadt auf fünftausend, die Garnison mit eingeschlossen. Die Sclaven aber auf fünf und siebzigtausend. Das Militair zieht alle Morgen um acht Uhr in der Festung auf die Wache; die Sicherheit der Stadt aber ist der Bürgerwache anvertraut, welche die Nacht hindurch aufzieht. Um sechs Uhr Morgens und Abends feuert das commandirende Schiff im Hafen seine Canonen ab, worauf des Abends die Trommeln in der Stadt gerührt werden, und alsdenn darf kein Neger, männlichen oder weiblichen Geschlechts, sich auf der Straße, ohne einen von seinem Herrn besiegelten Paß sehen lassen. Um zehn Uhr schlagen die schwarzen Trommelschläger für die Bürger den Zapfenstreich in den Straßen von Paramaribo. Um diese Zeit fangen die Damen an ihre Erscheinung zu machen; sie sind große Liebhaberinnen von einsamen Spaziergängen, in Begleitung eines guten Freundes bey Mondschein, wo sie ihren Gast mit Scherbet und Sangari (Wasser, Maderawein, Zucker und Muskatennuß) bewirthen, und ihn dabey mit der ungezwungensten Conversation unterhalten.

Sonst

Sonst sind sie strenge Zuchtmeisterinnen, wie die Rücken ihrer Sclaven beyderley Geschlechts zur Genüge beweisen; doch giebt es auch hier wie aller Orten Ausnahmen, und ich kenne Damen in Surinam, deren Feinheit und gebildete Unterhaltung den ersten Gesellschaften in Europa Ehre machen würde. Außer den gewöhnlichen Zeitvertreiben von Schmäusen, Bällen, Reiten, Fahren und Cartenspiel, ist hier ein kleines Liebhabertheater, auf dem die vornehmsten Personen der Stadt zu ihrem und ihrer Freunde Vergnügen einige Stücke aufführen. So zierlich die Einwohner von Paramaribo in ihrer Kleidung sind, so sehr halten sie auch auf Sauberkeit in ihren Wohnungen, und man sieht immer in ihren Häusern die gröste Ordnung. Auch pflegen sie die Fußböden ihrer Visitenzimmer mit Pomeranzen abreiben zu lassen, um Wohlgeruch zu verbreiten. Ihre Wäsche ist besonders fein, und so ausnehmend weiß, daß das feinste europäische Linnen grob dagegen aussehen würde.

Verschiedene Officiere unsers Corps befanden sich jetzt in der Nothwendigkeit, ihre Habseligkeiten zu verkaufen, um sich Unterhalt zu verschaffen, indem sie von Fourgeoud weder Sold noch Lebensmittel bekommen konnten. Ich war so glücklich, diesen Umstand weniger zu empfinden, denn die Güte meiner vielen Freunde überhob mich aller Sorgen dieser Art.

Die

Die Neger sind hier die einzigen Fischer, und werden von ihren Herren ordentlich zu diesem Gewerbe erzogen. In der Folge müssen sie ihnen wöchentlich ein gewisses an Gelde abgeben; sind sie geschickt und fleißig, so erwerben sie bald etwas für sich, und manche werden sogar reich; wenn sie aber nachläßig sind, und ihre wöchentlichen Zahlungen nicht richtig leisten, so werden sie strenge gezüchtigt.

Dieser Gebrauch ist auch bey andern Handwerken eingeführt, und wenn die Neger fleißig und sparsam sind, so können sie auf diese Weise sehr vergnügt leben. Ich habe mehrere Sclaven in Surinam gekannt, die sich selbst Sclaven kaufen. Einige erkaufen auch ihre Freyheit von ihren Herren, indeß andre gern das Joch eines menschlichen Gebieters beybehalten, indem sie in ihrem Sclavenstande von allen Abgaben und Steuern frey sind, die sie, sobald sie ihre Freyheit erlangen, tragen müssen.

Ich habe einen besondern Fall dieser Art an einem schwarzen Schmiede, Namens Joseph, erlebt, den seine Freyheit wegen seiner langen und treuen Dienste angeboten wurde, der aber lieber der Sclave eines würdigen Herrn bleiben wollte. Dieser Mann hatte selbst einige Sclaven, hielt ein anständiges Haus, hatte hübsche Möbeln und etwas Silberzeug, und bewirthete seine menschenfreundliche Herrschaft, wenn sie
ihn

ihn besuchten, mit Sangari, französischem und portugiesischem Wein. Dieses ist aber ein seltener Fall, und obgleich einige Sclaven dieser Art in Surinam gemächlich leben, so sind doch die meisten sehr dürftig, vornehmlich diejenigen, die in Diensten einer Dame stehen.

Unter den Sclaven sind diejenigen, welche man Quadrones nennt, die angesehensten, weil sie von einem Europäer und einer Mulattin abstammen. Diese Classe ist in dieser Colonie sehr häufig. Die Knaben werden gemeiniglich ausgethan, um ein anständiges Handwerk zu erlernen, als etwa Tischler, Goldschmiede, Juwelirer; die Mädchen aber erzieht man zu Kammermädchen, und läßt sie in Nähen, Stricken und Sticken die gröste Vollkommenheit erlernen. Sie sind mehrentheils sehr hübsch, und thun sich viel auf eine zierliche, geschmackvolle Kleidung zu Gute.

Um dem Leser eine anschauendere Idee von diesen Mädchen zu geben, will ich ihre Gestalt und Kleidung beschreiben, wie sie hier gewöhnlich erscheinen. Sie sind mehrentheils groß, gerade und schön gebaut; sie sind gewöhnlich schlanker als die Mulatten, und gehen nicht wie diese nackend am obern Theil des Leibes. Ihre Kleidung besteht gröstentheils in einem Atlasrock mit geblümtem Flor überzogen; einem engen, kurzen Corset von feinem indischen Zitz oder Seidenzeug,

vorn

vorn zugeschnürt, zwischen welchem und dem Rock etwa eine Hand breit ein feines Musselinhemde hervorpauscht. Schuhe und Strümpfe werden von den Sclaven nie getragen. Ihren Kopf zieren eine Menge natürlicher, kurzer, schwarzer Locken, auf denen sie einen feinen, schwarzen oder weissen Biberhut tragen, den eine Feder oder ein goldner Knopf mit einer Schlinge schmückt. Der Hals, die Arme und Knöchel der Füße sind mit Ketten, Spangen, Korallen und goldnen Münzen geziert. Alle diese schönen Weiber haben europäische Liebhaber, zu nicht geringer Kränkung der schönen Creolinnen; brächte man aber je in Erfahrung, daß ein europäisches Frauenzimmer mit einem Sclaven von irgend einer Rasse Umgang hätte, so wäre sie unwiderbringlich beschimpft, und der Sclave verliert sein Leben ohne Barmherzigkeit. Unter so despotischen Gesetzen seufzt das schwächere Geschlecht in Guiana.

Die Tirannei unsers Obersten vermehrte sich jetzt mit jedem Tage. Als ein Beweis dieser Behauptung muste ein Lieutenant, der wegen seiner Krankheit nach Holland absegeln sollte, in Surinam zurückbleiben, blos weil er gesagt hatte, er wäre übel behandelt worden. In allen andern Stücken war er eben so gerecht. Die Officiere hätten jetzt ein ganzes Jahr lang von eben den Portionen Salzfleisch gelebt, die man den Gemeinen reichte; dafür musten sie dreyßig Pfund

Ster=

Sterling bezahlen. Den 1sten Februar indessen meldete man uns, wir sollten künftig nichts bezahlen, vorausgesetzt, daß wir von der Luft zehren könnten; wäre dies aber nicht der Fall, so wären zehn Pfund Sterling das äusserste, was man für Salzspeisen von jedem fordern würde.

Den 2ten starb der Oberstlieutenant Becker, dessen erledigte Compagnie nunmehr mir zu Theil wurde, und dies war doch einiger Ersatz für so viel Mühe und Beschwerden.

Ein Verdruß von einer andern Gegend her verbitterte mir indessen meine Freude. Eine gewisse Dame, deren Gemahl mir ausserordentliche Gefälligkeiten erzeigt hatte, ließ sich einfallen, mir Vorschläge zu thun, die ich mit Ehren nicht annehmen konnte, und als ich darin beharrte, ihre Gunstbezeugungen und Geschenke auszuschlagen, ging sie von der Liebe zum Haß über, und ich empfand bald die Wirkung ihres rachsüchtigen Grimmes. Ihr Mann, der bisher so sehr mein Freund gewesen war, und dessen Ehre ich in diesem Fall so eifrig schonte, wurde plötzlich mein größter Feind. Ich trug indessen ihren Haß und ihre feindseligen Kränkungen mit ruhiger Gelassenheit, ich war froh im Bewußtseyn meiner Rechtschaffenheit, und überließ das übrige getrost dem Schicksal. Dieses rechtfertigte mich auch in kurzer Zeit; der Mann hatte seinen Irrthum erkannt, und wurde wiederum mein eifriger Freund.

Den 6ten brachte mir ein armer Trommel=
schläger von den Societätstruppen ein Geschenk
von einigen Avocadobirnen und Apfelsinen, weil
ich, wie er sagte, ihn in Holland gegen meinen
Bedienten in Schutz genommen, der ihn zu Bo=
den gefällt hatte. Die Avocadobirne wächst auf
einem vierzig Fuß hohen Baume, der mit un=
serm Wallnußbaum viel Aehnlichkeit hat. Die
Frucht ist etwa so groß als eine Birne, von blas=
grüner Farbe, inwendig gelb und der Kern ist in
einer weichen Rinde, wie die einer Castanie,
eingeschlossen. Das Fleisch ist von dem treflich=
sten Geschmack, und so gesund und nahrhaft, daß
es oft das vegetabilische Mark genannt wird.
Man pflegt es mit Pfeffer und Salz zu essen.

Die Pomeranzen sind hier von drey verschie=
denen Gattungen. Saure, bittre und süße, und
alle drey sind ursprünglich von Portugal einge=
führt worden. Die sauren sind ein vortrefliches
äußeres Heilmittel für eiternde Geschwüre und
Schäden, aber dabey sehr schmerzhaft in ihrer
Wirkung, daher man sich ihrer auch nur bey den
Negern bedient, die, wie man glaubt, alles aus=
halten können. Die bittern werden blos einge=
macht; die süßen aber sind sehr angenehm zu es=
sen. Auch kann man sie ohne alle Gefahr in
großer Menge genießen, welches nicht der Fall
bey den Apfelsinen ist. Alle die Bäume, wel=
che diese verschiedenen Früchte tragen, sind von
gro=

großer Schönheit, und in keiner Jahreszeit von Früchten und Blüthen entblößt.

Den 16ten langte die Nachricht an, daß der Oberste mit den übrigen Truppen von la Rochelle marschirt wäre, und daß ihn die Rebellen angegriffen hätten. Bey dieser Gelegenheit war der Capitain Friedericy, der vor der Fronte marschirte, durch beyde Lenden geschossen worden. Dieser tapfre Officier drückte sogleich seine Hände in die Wunden, blieb aber, um das Bluten zu verbergen, und damit dieser Unglücksfall seine Leute nicht muthlos machen möchte, bis an die Brust im Wasser sitzen, ehe der Wundarzt ihn verbinden konnte, worauf er von zwey Negern in seiner Hangmatte getragen ward.

In der That konnte nichts den Muth und Eifer übertreffen, den dieser Officier und Fourgeouds Adjutant, während dieser ganzen Expedition bezeigten. Aber von fünfjähriger mühsamen und ausserordentlichen Anstrengung erndteten sie nichts als Ehre ein. Fourgeoud belohnte sie nie ihren Verdiensten gemäß, und mit den Subalternen und sogar mit einigen Staabsofficieren gieng er übler um, als ich je mit meinen Sergeanten.

Ich erbot mich nunmehr von neuem, ihm auf seinem Zuge in die Wälder Gesellschaft zu leisten, anstatt mir aber diese Erlaubniß zu ertheilen, gab er mir Befehl, mich, sobald als möglich, nach Espe-

M 2

rance,

rance, einer Plantage am obern Theil des Rio-Comawina, zu begeben, um dort während seiner Abwesenheit das Commando über den ganzen Fluß zu übernehmen, und da dieses etwas neues für mich war, so nahm ich es mit der grösten Bereitwilligkeit an.

Ich versorgte mich mit einer vollständigen Feldequipage, und schafte Lebensmittel an, und so war ich zu meiner Abreise bereit. Ehe ich aber Paramaribo verlasse, muß ich anmerken, daß während meinem Aufenthalt hier nicht weniger als neun Negern, die ihren Herren entlaufen waren, ein Bein abgelöset wurde. Diese Strafe ist ein Theil der Surinamschen Gerechtigkeitspflege; sie wird auf Verlangen des Eigenthümers an den Sclaven vollzogen, und die Operation verrichtet der Wundarzt des Hospitals, der für jede Amputation etwa sechs Pfund Sterling erhält. Ungeachtet seiner großen Geschicklichkeit starben dennoch vier gleich nach der Operation, und ein fünfter machte seinem Leben ein Ende, indem er während der Nacht den Verband abriß, und sich verblutete. Diese unglücklichen Schlachtopfer rauchten während der Amputation alle sehr bedächtig ihr Pfeifchen. Man sieht dergleichen Neger ohne Beine sehr häufig in der Colonie, und ihre Herren bedienen sich ihrer gewöhnlich zum Rudern ihrer Fahrzeuge und Gondeln. Auch giebt es hier Neger ohne einen Arm,

den

den man ihnen abgenommen hat, weil sie es wagten, die Hand gegen einen Europäer zu erheben.

Den 17ten Februar schiffte ich mich nach Esperance ein, nachdem ich nochmals von meiner Johanna Abschied genommen hatte.

Den 19ten gegen Mittag langte ich zu Esperance an, und fand die Gegend hier noch weit reizender, als am Cotticafluß, indem man längs den Ufern an beyden Seiten die herrlichsten Caffee= und Zuckerpflanzungen sieht. Auf der Hälfte des Weges den Fluß hinauf ist eine protestantische Kirche, wohin die Plantagenbewohner gehen, um den Gottesdienst beyzuwohnen; der Prediger aber wird von den Pflanzern besoldet.

Die Plantage Esperance ist eine sehr einträgliche Zuckerpflanzung, am linken Ufer des Comawina, an der Mündung eines kleinen Flüßchens, den man den Bouteillenbach nennt.

Die Soldaten wohnten hier in solchen kleinen Hütten von Manicolebäumen, die oben beschrieben sind, und die Officiere waren alle zusammen in einer Wohnung von eben dieser Art eingezwängt, indeß das schöne Haus des Pflanzers nur von dem Oberaufseher bewohnt wurde.

Einen Canonenschuß höher hinauf am Fluß ist die Plantage Clarenbeck, wohin ich mich am 22sten begab, um den Zustand des Hospitals dort zu untersuchen. Hier fand ich die Leute noch

noch schlechter versorgt, als in meinem Stand=
quartier, indem sie übermäßig von Ratten ge=
plagt wurden. Diese verdarben ihre Lebens=
mittel und Kleider, und liefen ihnen Dutzend=
weis über das Gesicht, indem sie in ihren Hang=
matten lagen. Das einzige Mittel, sich gegen
diese Gäste zu schützen, war, indem man in
den Boden von Mgaßbouteillen Löcher bohrte,
und sie so wie Corallen an einem Faden gereiht,
zu Köpfen und Füßen an jede Hangmatte hieng,
da denn ihre Glätte es den Ratten unmöglich
machte, die Leinwand zu erreichen.

Meine Lage zu Esperance wurde mir mit je=
dem Tage lieber. Ich lebte in der vollkommen=
sten Freyheit, und die Aussicht auf die Zukunft
versprach mir reichen Ersatz für die ausgestande=
nen Beschwerden. Ich wurde als der Fürst der
ganzen Gegend geehrt; die Pflanzer liebkosten
mich um die Wette, und versorgten mich reich=
lich mit Wildpret, Fisch, Früchten und Gemüse.
Kurz ich war mir kaum eines unbefriedigten Wun=
sches bewußt.

Eines Tages setzte mich das Wehen eines
weissen Schnupftuches aus einem Fahrzeug im Fluß
in Erstaunen; ich ging näher ans Ufer und fand
zu meiner unbeschreiblichen Freude mein Mulat=
tenmädchen mit ihrer Tante, die nach Falkenberg
ging, welches vier Meilen höher hinauf am Fluß
lag. Sie zog diese Plantage dem Aufenthalt in

des

der Stadt vor, weil sie mir näher war, und ich ermangelte nicht, sie dahin zu begleiten.

Hier stellte mir Johanna einen ehrwürdigen alten Sclaven ihren Großvater vor, der mir ein Geschenk mit sechs schönen Hühnern machte. Er war ganz grau und hatte sein Gesicht vor Alter verlohren; dennoch führte er durch die Vorsorge seiner zahlreichen Nachkommenschaft ein sehr gemächliches Leben. Er sagte mir, er wäre in Afrika gebohren, und hätte dort in grösserem Ansehen gestanden, als je irgend einer seiner Surinamschen Herren in ihrem eigenen Lande.

Den 6ten Merz kehrte ich mit Geschenken an Federvieh, Früchten und Gemüse beladen nach Esperance zurück.

Den 21sten Merz besuchte ich Herrn und Madame Lolkens zu Falkenberg, und nach dem Essen besahen wir eine Ziegelbrennerey, die in der Nachbarschaft liegt, und dem Gouverneur gehört. Hier verfertigen sie sehr gute Backsteine in großer Geschwindigkeit, und dies Gewerbe ist sehr einträglich, indem sich nur wenige in Surinam damit beschäftigen.

Ich machte diesen und alle andern Besuche zu Wasser, weil hier zu meinen Diensten eine sechsrudrige Gondel bereit lag, und sechs Neger für mich fischen und jagen musten. Ich war überhaupt hier so glücklich, daß ich keine Veränderung meiner Lage wünschte.

Mein

Mein Glück ward aber sehr vermehrt, als Herr und Madame Lolkens mich eines Abends besuchten, und mir nicht allein eine Adresse an die neuen Eigenthümer meines Mulattomädchens gaben, sondern mir auch anboten, sie nach Esperance zu nehmen, wo sie in einer angenehmern Lage seyn würde, als in Falkenberg oder Paramaribo. Dieses Anerbieten nahm ich mit tausend Freuden an, und stellte sogleich meine Sclaven an, ein Haus von Manicolebäume zu ihrem Empfang zu bereiten.

Mittlerweile schrieb ich einen Brief an diese Herren, und ersuchte sie, ihre Einwilligung zur Loskaufung meiner Johanna zu geben, und die Sache aufs möglichste zu fördern.

In ungefähr sechs Tagen war die Wohnung meiner schönen Freundinn vollendet. Sie bestand in einem Wohnzimmer, einem Schlafzimmer, einer bedeckten Veranda vor dem Hause, um frische Luft zu schöpfen, einer von dem Hause abgesonderten Küche, und einem Hühnerhause. Alles zusammen auf einem freyen, von andern Gebäuden abgesonderten Platz, und mit einer Umzäunung umgeben, um alles Vieh abzuhalten, und ringsum mit den herrlichsten Aussichten in die umliegende Gegend. Die Tische, Stühle und Bänke waren von Manicoleholz, und die Thüren und Fenster mit künstlichen hölzernen Schlössern und Schlüsseln versehen, die ein Neger

ger selbst verfertigt, und mir geschenkt hatte. Als nun alles so weit fertig war, sorgte ich auch für einen Vorrath von Lebensmitteln. Ich schaffte ein Faß Mehl, ein Faß gesalzne Makrelen, die aus Nordamerika eingeführt werden, und hier vortreflich sind; Schinken, Würste, Bostonner Zwieback, Wein, Jamaika Rum, Thee, Zucker, einen Kasten mit Spermaceti Lichtern zc. Ausserdem hatte ich zwey schöne, frembde Schaafe, die mir Herr Kennedy nebst einem Schwein geschenkt hatte, zwey Dutzend schöne Hühner und Enten, nebst Früchten, Gemüsen und Wildpret. Auch Fische strömten mir von allen Seiten zu.

Den 1sten April 1774 kam Johanna zu Wasser in der Falkenberger Gondel zu Esperance an. Ich machte sie sogleich mit dem Inhalt meines nach Holland abgegangenen Briefes bekannt, und sie empfing die Nachricht mit einer Dankbarkeit und Bescheidenheit, die beredter als alle Worte war. Dann führte ich sie in ihre neue Wohnung ein, wohin die Sclaven, als Zeichen ihrer Ehrerbietung, ihr Geschenke von Cassave, Yamswurzeln, Bananen und Pisangs brachten. Nie hat es glücklichere Menschen gegeben, als wir jetzt waren. Frey wie die Rehe im Walde, von allen Sorgen und allem Zwange entbunden, athmeten wir die reinste Luft in unsern Spaziergängen, und erquickten unsere Glieder in den crystallenen Bächen. Gesundheit und Fröhlichkeit erhöhten

mir

mir jeden Genuß, und meine Gefährtinn blühte in der Fülle der Jugend und Schönheit.

Der Oberste Fourgeoud beschloß nunmehr die Wälder zu verlassen, und sich an einem Ort zu postiren, der Magdeburg heißt, und an dem Ursprung des Comawina liegt. Dort schickte ich ihm also eine Barke mit Lebensmitteln, unter der Eskorte eines Officiers und zwanzig Mann.

Den 8ten früh Morgens, als wir eben einen Unterofficier zur Erde bestatteten, hörten wir verschiedne Signalschüsse nach der Gegend des Piricaflusses hin. Ich schickte daher sogleich einen Officier mit zwölf Mann zu Hülfe. Diese kamen den andern Tag mit der Nachricht zurück, daß die Rebellen das Gut Kertendur angegriffen, und etwas Pulver weggebracht hatten, aber von den bewaffneten Sclaven der Plantage muthig zurückgeschlagen wären. Mein Beystand war daher überflüßig.

Den 11ten kam ein kleines Detaschement von Fourgeouds Truppen vom Wanabach zu Esperance an; sie erzählten, die Rebellen hätten mit Fourgeoud gesprochen, und ihn sogar ausgelacht, weil sie zufällig gehört hatten, wie er Befehle ertheilte, nicht auf sie zu feuern, sondern sie lebendig zu fangen.

Den 14ten langte der Oberste mit seinen Truppen zu Magdeburg an. Die Officiere und Gemeinen von den Societätstruppen und die
schwar-

schwarzen Jäger, zweyhundert zusammen wurden in Barken den Fluß hinab geschickt, und an den Pirica postirt. Einige landeten zu Esperance, um sich zu erfrischen, und führten sich so unbändig auf, daß ich mit meinen Leuten sie derb abprügeln muste, um sie in Ordnung zu halten. Nachher schickte ich eine bedeckte Gondel mit acht Ruderern ab, um den Oberbefehlshaber mit seinen Günstlingen nach Paramaribo zu führen.

Den 20sten verließ der Oberste Magdeburg mit seinem Corps, um das Hauptquartier näher am Lazareth zu nehmen, weil seine Leute sehr kränklich waren. Er wählte zu diesem Ende eine Plantage, Nahmens Neu=Rosenbach, zwischen Esperance und dem Lazareth zu seinem Lager. Hieher begab ich mich sogleich, um ihm meine Aufwartung zu machen, und fand die Ueberreste seiner kleinen Armee in einem kläglichen Zustande.

Den 28sten machte mir der Oberste in Gesellschaft noch eines Officiers einen Besuch. Seine Miene war so grämlich und böse, daß ich darüber erschrak. Ich führte ihn indessen in meine Hütte, und stellte ihm meine Gefährtin vor, deren Anblick mit einemmale alle Wolken von seiner finstern Stirne zertheilte, und ich muß gestehen, daß ich ihm nie artiger gesehen habe.

Wir bewirtheten ihn auf das beste, mit allem, was unser Vermögen uns erlaubte, und er

ver=

verließ uns mit einem herzlichen Händedruck, in der besten Laune und über unsern Empfang höchst zufrieden.

Ich füge zum Beschluß dieses Kapitels noch eine kurze Beschreibung einer Zuckerplantage bey.

Die Gebäude auf derselben bestehen gemeiniglich in einem bequemen Wohnhause für den Pflanzer, Nebengebäuden für den Oberaufseher und Buchhalter: einer Zimmermannswerkstatt, Küchen, Vorrathshäusern und Ställen, wenn die Mühlen von Pferden oder Maulthieren getrieben werden. In Esperance aber waren keine Ställe, da die Mühlen durch das Wasser in Bewegung gesetzt wurden. Eine Zuckermühle zu bauen kostet allein viertausend Pfund Sterling, ja zuweilen sogar sieben bis achttausend.

Die Wassermühlen haben zwar den Vortheil, daß sie schneller arbeiten, und wohlfeiler in der ersten Einrichtung sind; dagegen aber muß man, um sie in Bewegung zu setzen, die Fluthzeit abwarten, und einen Theil des Tages stehen sie still; die Mühlen aber, die von Pferden umgetrieben werden, sind zu allen Zeiten zu gebrauchen, wenn die Umstände es erlauben. Neben der Mühle ist gewöhnlich ein langes, ebenfalls von Backsteinen erbautes Gebäude, in welchem die Kessel zum Kochen des flüßigen Zuckers angebracht sind. Dieser Kessel sind gewöhnlich fünf. Gegen über demselben stehen die Kühlfässer,

fässer, große, viereckichte, hölzerne Tröge, in welche man den Zucker aus den Kesseln füllt, um ihn abzukühlen, ehe er in die Fässer gebracht wird. Diese Fässer liegen auf starken Rinnen, die den Syrup auffangen, so wie er von dem Zucker abtröpfelt, und ihn in eine große hölzerne Cisterne unter demselben leiten. Neben diesem Gemach ist die Brandtweinbrennerey, wo der Abgang und Schaum des kochenden Zuckers hingeschafft und schlechter Rum daraus distillirt wird, der unter dem Namen Teufelstödter (Killdevil) bekannt ist. Jede Plantage in Surinam hat eine bedeckte Gondel und einige Böte, um ihre Producte fortzuschaffen, wie auch ein bedecktes Werft, um sie aufzubewahren und auszubessern.

Die Zuckerpflanzungen in Surinam enthalten mehrentheils fünf bis sechshundert Morgen Land; die zum Zuckerbau bestimmten Ländereyen sind in Vierecke abgetheilt, in welchen man Stücke Zuckerrohr von etwa zwölf Zoll lang in geraden paralellaufenden Reihen etwas schief in die Erde steckt. Gewöhnlich pflanzt man das Rohr in der Regenzeit, wenn die Erde locker und feucht ist. Die Schößlinge, die aus diesen Gelenken wachsen, brauchen zwölf bis sechszehn Monate Zeit, ehe sie zur Reife gelangen. In diesem Zustande sind sie gelb, etwa von der Dicke einer Flöte, sechs bis zehn Fuß hoch, und bestehen aus mehrern Gelenken. Das Zuckerrohr mit seinem

blas-

blasgrünen, eingekerbten, langen Blättern hat ein sehr schönes Ansehen. Während dem Wachsthum desselben ist die Hauptarbeit der Sclaven, das Unkraut auszujäten, welches sonst das Rohr aushungern würde.

Einige Zuckerplantagen haben mehr als vierhundert Sclaven. Diese anzukaufen und die Gebäude zu errichten, kostet oft zwanzig bis fünf und zwanzigtausend Pfund Sterling, wobey der Werth der Ländereyen noch nicht mitgerechnet ist. Der fette Boden von Guiana ist dem Zuckerbau vorzüglich angemessen, und jeder Morgen Land trägt im Durchschnitt drey bis vier Oxhoft. Im Jahr 1771 wurden allein nach Amsterdam und Rotterdam vier und zwanzigtausend Oxhoft ausgeführt; wenn man hievon jedes Oxhoft nur sechs Pfund Sterling schätzt, obgleich es zuweilen noch einmal so viel gilt, so macht dieses schon eine Summe von hundert und funfzigtausend Pfund Sterling, eine ungeheure Menge Syrup und Rum ungerechnet. Ersteren kann man auf siebentausend Oxhoft rechnen, die für fünf und zwanzigtausend Pfund Sterling nach Nordamerika verkauft werden. Letzterer, der in Surinam distillirt und von den Negern getrunken wird, beträgt am Werth eben so viel, welches zusammen eine Summe von 200,000 Pf. St. jährlich ausmacht.

Einige Pflanzer genießen zwar dieses verderb=
liche geistige Getränk. Hauptsächlich aber schwel=
gen die Soldaten und Matrosen in dessen Ge=
brauch, und zwar zu ihrem größten Nachtheil,
indem es wie ein langsames Gift auf Constitu=
tionen wirkt. Den Negern hingegen ist es nie
schädlich, sondern vielmehr zuträglich und heil=
sam, vornehmlich in der Regenzeit, wo ihnen
zuweilen ein Schluck täglich gereicht wird, doch
ist dieses nicht allgemein eingeführt. Kein ein=
ziger Theil des schönen Zuckerrohrs ist unbrauch=
bar, denn selbst das ausgepreßte Rohr, die dür=
ren Blätter und aller Abfall werden zur Feurung
und zum Dünger gebraucht.

Ich habe glücklicherweise eine Zeitlang von
jenen empörenden Grausamkeiten schweigen kön=
nen, die hier nur zu oft verübt werden; aber
gerade zu einer Zeit, wo ich im höchsten Genuß
der schönsten Harmonie das süßeste Gefühl mei=
nes Daseyns empfand, störten mich wieder eini=
ge Beyspiele der schauderhaftesten Unmenschlich=
keit mitten in meiner Seeligkeit. Bey einer Spa=
zierfahrt nach einem benachbarten Guthe, war
der erste Gegenstand, den ich erblickte, ein schö=
nes, achtzehnjähriges Sambomädchen, (die
Sambos sind Abkömmlinge eines Mulatten und
Negers. Sie sind von dunkler Kupferfarbe, meh=
rentheils schön gebildet, haben schwarzes, gruß=
lockich=

lockichtes Haar, und werden gewöhnlich als Dienst=
bothen im Innern der Häuser gebraucht), die mit
beyden Armen aufgebunden, nackend, wie sie
auf die Welt kam, an einem Baum hieng, und
welche die Geisselhiebe zweyer Negertreiber der=
gestalt geschunden hatten, daß sie buchstäblich
von Kopf bis zu den Fersen mit Blut bedeckt
war. Dies unglückliche Schlachtopfer hatte
über zweyhundert Streiche empfangen, als ich
sie mit herunterhängendem Haupte im grausen=
den Anblick gewahr ward. Ich ersuchte den da=
bey stehenden Oberaufseher, sie sogleich loszubin=
den, indem sie ihre ganze Strafe schon empfan=
gen hatte, erhielt aber ganz trocken und kurz die
Antwort: er hätte es sich zum unabänderlichen
Gesetz gemacht, um Fremde von aller Einmi=
schung in seine Regierung abzuschrecken, bey je=
der eingelegten Vorbitte die Strafe zu verdop=
peln, und sogleich fieng er an, diesen Vorsatz
auszuführen. Ich versuchte vergebens ihn auf=
zuhalten, er versicherte, Aufschub würde seinen
Entschluß nicht ändern, sondern ihn nur vermö=
gen, seine Rache mit verdoppelter Kraft auszu=
üben. Mir blieb daher nichts übrig, als nur
geschwind meinem Boot zuzulaufen, und das Un=
geheuer bey seinem Blutmahl zu verlassen, um
sich wie ein reissendes Thier bis zum Ekel zu sät=
tigen. Von diesem Tage an beschloß ich allen
Umgang mit Sclavenaufsehern abzubrechen, und

fluchte

fluchte in bitterm Haß der ganzen unbarmher=
zigen Zunft. Als ich mich nach der Ursache
dieser beyspiellosen Barbarey erkundigte, erfuhr
ich von glaubwürdigen Personen, ihr ganzes Ver=
brechen bestünde darin, daß sie mit unerschütter=
licher Standhaftigkeit sich geweigert hatte, die
ekelhaften Liebkosungen ihres verhaßten Verfol=
gers zu erdulden. Von Rache und Eifersucht
entflammt beschuldigte er sie des Ungehorsams,
und ließ sie unter diesem Vorwande lebendig
schinden.

Bey meiner Zurückkunft nach Esperance kam
mir der Oberaufseher dieses Guthes, Herr Eb=
ber, mit einer trübseligen Miene entgegen, und
benachrichtigte mich, daß man ihm eben eine
Geldbuße von zwölfhundert Gulden, wegen ei=
ner ähnlichen, an einem männlichen Sclaven ver=
übten, Züchtigung, auferlegt habe, weil das ar=
me Schlachtopfer während der Execution sein
Leben ausgehaucht habe. Anstatt ihn, wie er
erwartete, in seinem Unglück zu trösten, versi=
cherte ich ihn, sein Mißgeschick mache mir die al=
lerinnigste Freude.

Folgendes waren die nähern Umstände dieser
abscheulichen Mordthat: kurz vorher, ehe ich nach
Esperance kam, ward ein von diesem Guthe ge=
flüchteter Neger auf einer benachbarten Plantage
aufgegriffen, und von zwey bewaffneten Scla=
ven bewacht, an Herrn Ebber abgeschickt; dieser

Sclave fand Mittel, während der Durchlesung des ihm mitgegebenen Briefes zum zweytenmal in die Wälder zu entwischen. Der darüber aufs äußerste aufgebrachte Verwalter beschloß sogleich, sich an den beyden armen Sclaven zu rächen, die ihn mitgebracht hatten, und befahl, sie in der Zimmermannswerkstatt aufzubinden. Hier peitschte er sie unbarmherzig; länger als eine Stunde lang hörte man den Knall der Peitschen, mit dem ängstlichen Geschrey der Leidenden vereinigt, bis einer unter den Geißelhieben seinen Geist aufgab, und der unmenschlichen Scene dadurch ein Ende machte. Ein Prozeß wegen eines begangenen Mordes ward sogleich gegen Ebber angefangen, und da er überwiesen wurde, legte man ihm die vorerwähnte Geldstrafe auf. In dieses Blutgeld theilet sich der Fiskus und der Eigenthümer des Sclaven. Tödtet aber ein Sclavenbesitzer seinen eigenen Schwarzen, so zahlt er dafür nur fünfhundert Gulden, und gegen Erlegung dieser Summe steht es ihm frey, so viel zu schlachten als ihm beliebt; doch muß er auch erst gehörig überwiesen werden, welches in einem Lande, wo das Zeugniß eines Sclaven nicht gültig ist, ziemlich schwer hält. Der vorerwähnte Oberaufseher war vorzüglich grausam; er quälte einen armen, vierzehnjährigen Knaben ein Jahr lang mit immer abwechselnden Strafen. Den ersten Monat ward er täglich gepeitscht; den zweyten ward er mit den Füßen in dem Stock platt auf seinem Rücken festgebunden; den dritten mußte er einen eisernen Triangel mit drey einwärts laufenden spitzen Zacken am Halse tragen, wobey er nicht anders als aufrecht sitzend schlafen konnte; den vierten ward er auf einen Treppenabsatz an ein Hundehaus angekettet, mit dem Befehl, jedes vorüberfahrende Boot oder Canot anzubellen und so weiter, bis endlich der Knabe ganz unempfindlich wurde, krumm und gebückt einherging, und dann wie ein Vieh wurde. Dieses Ungeheuer prahlte indessen mit seinen schönsten Sclaven, und aus Furcht, ihre Haut zu verletzen, pflegte er sie, Vergehungen halber, die den Galgen verdient hatten, mit zwanzig Hieben zu bestrafen. Bey der obigen Veranlassung verließ dieser Elende Esperance, und sein menschenfreundlicher Nachfolger fing seine Regierung damit an, daß er alle Sclaven, männlichen und weiblichen Geschlechts, auspeitschen ließ, weil sie des Morgens eine Viertelstunde zu lang geschlafen hatten.

Man wird sich vielleicht vorstellen, daß es unmöglich ist, die Barbarey noch weiter zu treiben, aber ich habe noch schrecklichere Greuel zu schildern, und zwar von einem Weibe.

Eine gewisse Madame S—lk—r fuhr in einer bedeckten Gondel nach ihrem Guthe, und am andern Ende in eben dem Fahrzeug befand sich ein Negerweib mit ihrem Säugling, der aus

Schmerz oder einer andern Ursache weinte, und nicht beruhigt werden konnte. Madame S—, durch das Geschrey des unschuldigen Geschöpfes aufgebracht, befahl der Mutter, das Kind zu bringen und in ihre Hände zu geben, worauf sie sogleich damit, in Gegenwart der verzweiflenden Mutter, zum Cajütenfenster hinausfuhr, und es so lange unter dem Wasser hielt, bis es erstickte, da sie es fahren ließ. Die unglückliche Mutter stürzte sich trostlos in die Wellen, die ihr geliebtes Kind trugen, fest entschlossen, ihr Daseyn mit dem seinigen zu enden, ward aber von den Ruderern wieder aufgefischt und von ihrer Gebieterinn für ihre Vermessenheit mit drey= bis vierhundert Geisselhieben bestraft.

Zehntes Kapitel.

Den 29sten April verließ der Oberste endlich sein Hauptquartier, und fuhr mit einigen seiner Officiere nach Paramaribo, um sich dort zu erfrischen, welches sie in der That sehr bedurften. Eine bewaffnete Barke kreuzte den Fluß auf und ab, indeß die wenigen übrigen Truppen, die bis auf eine sehr kleine Anzahl zusammen geschmolzen, und zu allen militairischen Diensten unbrauchbar waren, sich nach Ruhe und Erquickung sehnten.

Ich

Ich genoß mittlerweile die höchste Glückseligkeit in meinem kleinen Elysium, die aber leider nur zu bald gestört wurde, denn eines Tages erhielt ich ganz unerwarteter Weise Nachricht von dem Tode des Herrn Passelyn in Amsterdam, an den ich wegen Befreyung meines Mulattomädchens geschrieben hatte. Diese Hofnung scheiterte nunmehr, und was mein Leiden noch ungleich mehr schärfte, war der Zustand meiner Johanna, die in wenigen Monaten Mutter werden sollte. Tausend Schreckniße bemächtigten sich meiner niedergeschlagenen Seele, wenn ich mir vorstellte, daß meine Freundin und mein Kind zum Sclavenleben auf ewig verurtheilt wären, und zwar unter einer Regierung, wie diese. Ich war außer mir und wäre sicher unsinnig geworden, hätte nicht mein sanftes Mädchen mich mit dem Troste aufgerichtet, daß Herr Lolkens gewiß noch ferner unser Freund seyn würde. Mitten unter diesen beunruhigenden Gedanken hörten wir gegen Abend, den 4ten May, nach Nordosten hin verschiedne Nothschüße, worauf ich sogleich mit Tagesanbruch ein Detaschement nach Rio Pirica abfertigte, welches gegen Mittag mit der Nachricht zurückkehrte, daß die Rebellen die Plantage Marseille genannt, angegriffen hätten, aber von den Sclaven glücklich zurückgeschlagen wären; ferner, daß sie eine Parthey armer Indier gemishandelt, weil sie solche im

Ver=

Verdacht hatten, daß sie den Sclaven beygestanden, die Plantage zu beschützen. Noch brachten sie die Nachricht, daß zu Paramaribo eine Verschwörung der Neger entdeckt sey; die den Entschluß gefaßt, nach Ermordung der weissen Einwohner zu den Rebellen zu stoßen; die Rädelsführer wurden hingerichtet.

Den 6ten hörten wir wieder verschiedene Flintenschüsse in den Wäldern, und da ich vermuthete, daß es etwa eine Parthey verirrter Europäer seyn könne, ließ ich die Schildwache jeden Schuß mit einem andern erwiedern, und dabey zwey Trommeln ein Paar Stunden lang rühren, worauf wir bemerkten, daß die Flintenschüsse immer näher kamen, und endlich erschienen ein Sergeante und sechs Gemeine von den Posten Riedwyck in Pirica, die sich seit drey Tagen in den Wäldern verirrt hatten, und ohne Hangmatten, Speise oder Getränk herumgewandert waren. Sie waren ganz erschöpft von Hitze, Müdigkeit und Hunger, dennoch hatte ich die Freude, sie durch gute Pflege in kurzer Zeit wieder hergestellt zu sehen, obgleich einer unter ihnen von den Stichen der Waldwespen mehrere Stunden lang völlig blind war.

Den 12ten schwamm ich zweymal über den Cotticafluß, der hier über eine halbe englische Meile breit ist, und empfand bey meiner Zurückkunft ein Frösteln, worauf am andern Tage ein

ein Wechselfieber folgte; doch schmeichelte ich mir durch Enthaltung von Fleischspeisen und häufigen Gebrauch von saurem Getränk, wozu hier die beste Gelegenheit in dem Ueberfluß von Tamarinden war, bald wieder hergestellt zu werden.

Den 16ten befand ich mich auch, einige Mattigkeit abgerechnet, wieder ziemlich wohl, und saß mit Johanna vor meiner Hüttenthür, als das Unglück einen Chirurgus unsers Corps herbeyführte, mich zu besuchen. Dieser befühlte meinen Puls, untersuchte meine Zunge, und erklärte ohne Umstände, ich wäre ein Kind des Todes, wenn ich nicht augenblicklich seiner Vorschrift folgte. Dieser Ausspruch, muß ich gestehen, brachte mich so ausser Fassung, daß ich ohne Bedenken, obgleich ich sonst nie Arzneyen zu nehmen gewohnt war, diejenige hinterschluckte, die er mir in einem Glase bereitet reichte, und beynahe eben so augenblicklich sinnlos zu Boden stürzte.

In diesem Zustande lag ich bis zum 20sten, da ich endlich aus meiner Betäubung erwachte, und mich in meinem Hause auf einer Matraze liegend fand, und Johanna allein in Thränen schwimmend neben mir erblickte. Sie bath mich auf das dringendste, mich zu schonen und keine Fragen zu thun, und versprach mir, am folgenden Tage alles zu erzählen. Durch sie erfuhr ich denn, daß mich gleich nach jenem Zufall vier starke Neger auf ihren Befehl auf mein Bette
ge-

getragen hätten, und der Wundarzt an verschiedenen Stellen meines Leibes Zugpflaster applicirt, und als diese gar keine Wirkung thaten, mich für todt erklärt, und die Plantage schleunig verlassen hätte. Am 17ten hätte man schon Grab und Sarg für mich bereitet, und nur Johannens Flehen um Aufschub, mit Mühe mein lebendiges Begraben verhütet. Sie hatte hierauf einen Bothen an ihre Tante nach Falkenberg abgefertigt, um Weinessig und eine Bouteille alten Rheinwein zu holen, und mit ersterm unabläßig meine Schläfe, Füße und die Pulsadern an den Händen mit feuchten Tüchern umschlagen, von letzterer aber, mit Gewürzen heiß gemacht, mir mit einem Theelöffel zuweilen einige Tropfen eingeflößt. Durch diese Mittel und unabläßiges Wachen bey mir, in Gesellschaft meines Knaben Quaco und eines alten Neger hatte sie mein Leben erhalten, für dessen Rettung sie nunmehr Gott mit lebhafter Freude dankte. Ich war so schwach, daß ich ihr nur mit einer Thräne im Auge und einem schwachen Druck der Hand meine Dankbarkeit bezeigen konnte.

Durch die Sorgfalt dieses vortreflichen Geschöpfes genaß ich nunmehr allmälig, aber so langsam, daß ich nur am 15ten Junius allein gehen konnte, und bis dahin auf einem Stuhl, an dem zwey Stangen befestigt waren, von zwey Negern getragen werden mußte. Auch war ich

so

so gelähmt an allen Gliedern, daß ich die Hand nicht zum Munde bringen konnte, und mich wie ein Kind muste füttern lassen.

Welche schreckliche Veränderung hatte eine kurze Zeit bey mir hervorgebracht; vorher im vollen Genuß ungeschwächter Gesundheit und heitrer Geisteskraft, und nun an Muth und Körperkräften im höchsten Grade niedergedrückt. Meine Freunde, die mich täglich besuchten, erzählten mir, daß die Arzeney, die mich dem Tode so nahe brachte, nichts anders gewesen wäre, als Tartarum Emeticum und Ipecacuanha, aber in zu starker Dosis, nemlich vier Gran von dem erstern mit vierzig Gran von dem letztern versetzt, indem der Wundarzt die Stärke meiner Constitution nach meiner Länge beurtheilt hatte, die mehr als sechs Fuß beträgt. Ich ward durch diese Nachricht höchst aufgebracht, und als der unglückliche Chirurgus sich den 4ten Innius einfallen ließ, mich zu besuchen, da ich eben in meinem Stuhl am Wasser saß, um Luft zu schöpfen, hob ich eine von den Stangen meiner Sänfte in die Höhe, und ließ sie auf sein verschuldetes Haupt fallen; ich war aber noch zu schwach, ihn schwer zu treffen, der arme Teufel empfand indeß nicht sobald das Gewicht der Stange, als er eilends wieder in sein Fahrzeug sprang, und sich so geschwind als möglich wieder wegrudern ließ, indeß
wir

wir am Ufer ein dreymaliges lautes Huzzah anstimmten.

Da ich noch immer so schwach war, daß ich keine Dienste, selbst nicht die unbedeutenden zu Esperance, verrichten konnte, überließ ich das Commando dort dem nächsten Officier im Range, und gieng mit Fourgeouds Erlaubniß auf ein benachbartes Guth, Namens Egmond, wo ich hofte, daß die Veränderung der Luft mir gute Dienste leisten würde. Der Eigenthümer, ein Franzose, hatte mich sehr dringend eingeladen, ihn mit meiner Johanna und meinem Knaben Quaco zu besuchen. Ich befand mich hier in einer sehr angenehmen Lage, und die Gastfreundschaft und gute Laune meines Wirths waren vortreflich eingerichtet, um meine Genesung zu befördern. Die Früchte auf seinem Guthe waren von vorzüglicher Güte, und vornehmlich die süßen Pomeranzen und Apfelsinen. Erstere habe ich schon beschrieben, und obgleich sie häufig mit den letztern verwechselt werden, ist es doch eigentlich eine ganz besondere Frucht. Das Fleisch der Apfelsinen ist durchsichtiger und von angenehmern Geschmack, dabey ist die Schaale fetter, dünner und nicht von so hochrother Pomeranzenfarbe; der Hauptunterschied aber liegt darin, daß man die süßen Pomeranzen ohne allen Nachtheil in beliebiger Menge essen kann, dahingegen der übermäßige Genuß der Apfelsinen leicht üble Folgen hat. So vortreflich die Früchte hier waren, von eben so vorzüglicher Güte war auch der Wein meines Wirths, und er gab ihn gerne und mit fröhlichem Muthe her. Wie wenig paßte aber das Betragen dieses Mannes gegen seine Sclaven zu seiner Gastfreundschaft, Heiterkeit und gefälligen Laune. Hier war er, wie alle, ungerecht und grausam, und ich habe gesehen, daß zwey junge Neger, die durch einen Einbruch in seine Magazine, reichlich verdient hätten, ausgepeitscht zu werden, mit einigen leichten Streichen davon kamen, indeß zwey alte, wegen einer unbedeutenden Streitigkeit, verurtheilt wurden, dreyhundert Hiebe zu empfangen.

Als ich Herrn de Cachelieu über den Grund dieser Partheylichkeit befragte, antwortete er mir, die jungen Kerls hätten noch eine gute Haut, und könnten noch viel Arbeit thun, die Alten wären aber schon längst entstellt, abgenutzt und zur Arbeit untüchtig, und wenn man sie auch ganz und gar todtschlüge, so würde es dem Guthe nur zum Vortheil gereichen.

Aller Annehmlichkeiten und Bequemlichkeiten meiner jetzigen Lage ungeachtet, blieb ich noch immer krank, und litt an Schwäche und Unverdaulichkeit, ich beschloß daher, einen neuen Versuch zu machen, und zu sehen, ob Bewegung zu Pferde mir meine verlornen Kräfte nicht ersetzen könnte, und hielt daher um Urlaub an, nach

Pa-

Paramaribo zu gehen. Zugleich bat ich um meinen rückständigen sechsmonatlichen Sold. Beyde Gesuche schlug mir der Oberste ab und zwar in einem so impertinenten Ton, den ich selbst ihm nicht zugetraut hatte. Ich beantwortete diesen Brief, wie er es verdiente, und zwey Tage nachher folgte ich in Person, um mich zu rechtfertigen, von meinem Freund Cachelieu begleitet, der durch sein Zeugniß über den Zustand meiner Gesundheit mein Ansuchen unterstützen wollte.

Ich erwartete Fourgeoud wüthend zu finden über meine Dreistigkeit und Widerspenstigkeit, und daß er mich wenigstens in Arrest schicken würde; zu meinem großen Erstaunen aber kam er uns freundlich entgegen, schüttelte uns bey der Hand, und bat uns, mit ihm zu essen, als ob nichts vorgefallen wäre. Wir lehnten es aber ab, und ich bat ihn, mir nur eine Erklärung über seinen Brief zu geben; hierauf antwortete er mir: die Ouca-Neger, die bisher als unsre Bundesgenossen in den Wäldern gewesen wären, hätten ihn betrogen und nichts ausgerichtet, er wäre daher entschlossen, den Krieg mit verdoppelter Anstrengung fortzuführen, und hätte nicht allein mir deshalb abgeschlagen, nach Paramaribo zu gehen, sondern auch allen kranken Officieren anbefohlen, sich einzufinden, und den Feind zu verfolgen, so lange sie Odem oder Kräfte hätten, so daß in der Stadt auch nicht
ein-

einmal einer zurückgelassen wäre, um die Fahnen und die Kriegskasse zu bewachen.

Hiermit muste ich mich denn befriedigen, und da ich sahe, daß meine Gesundheit zu Egmond auch nicht viel gewann, kehrte ich nach Esperance zurück, und übernahm dort wieder das Commando. Hier litte ich sehr von den Chigós, deren ich schon vorher erwähnt habe, und die sich in meinen Füßen eingenistet hatten, welches ich hauptsächlich dem Umstand zuschrieb, daß ich wieder eine Zeitlang Schuhe und Strümpfe getragen hatte.

Die Chigos sind eine Gattung Erdflöhe, die sich unbemerkt zwischen Haut und dem Fleisch einnisten, hauptsächlich aber unter den Nägeln der Zehen; hier nähren sie sich und wachsen bis zu der Grösse einer großen Erbse, ohne sonderliche Empfindung als ein unangenehmes Jucken zu verursachen, mit der Zeit entsteht ein kleines Bläschen, welches Tausende von Nissen enthält, und sobald es platzt, eben so viel junge Chigos hervorbringt, woraus mit der Zeit eiternde Geschwüre entstehen, die oft sehr gefährliche Folgen haben. So kannte ich einen Soldaten, dem man die Fußsohlen mit einem Scheermesser abschneiden muste, ehe er geheilt werden konnte; andre büßen dabey ganze Gliedmaßen, und andre sogar das Leben ein, wenn sie dieses verderbliche Ungeziefer vernachläßigen. Sobald man

daher

daher an den Füßen ein ungewöhnliches Jucken oder einige Röthe bemerkt, muß man suchen dies Insect mit einer feinen, spitzen Nähnadel herauszuhohlen. Die Negermädchen sind in dieser Operation sehr geschickt, indem sie sich hüten, alle unnöthige Schmerzen zu verursachen, und alle mögliche Sorge tragen, daß das Bläschen nicht platzt. Die Heilung besteht blos darin, daß man Tabaksasche in die Wunde reibt, nachdem man das Insect herausgezogen hat. Ich hatte jetzt eine solche Menge von diesem Ungeziefer in meinen Füßen, daß Johanna mit ihrer Nähnadel nicht weniger als drey und zwanzig aus meinem linken Fuß heraushohlte, die alle unter den Nägeln genistet hatten, und mir während der Operation abscheuliche Schmerzen machten. Dies sind eben die Insecten, welche die Spanier zu Carthagena Niques nennen.

Den 21sten erhielt ich vom Commandeur Befehl, ihm alle Lebensmittel, Kessel, Beile u. s. w. die wir zu Esperance entbehren konnten, zuzuschicken, indem er im Begriff sey, wieder in die Wälder zu dringen. Ich schickte ihm alles den andern Tag, der Vorrath von Lebensmitteln war aber nicht groß, indem eine große Barke mit gepöckeltem Schwein- oder Rindfleisch, die für Esperance bestimmt war, im Flusse Schiffbruch gelitten hatte.

Den

Den 19ten dieses Monats kam eine Heerde wilder Schweine, die sich im Walde verirrt hatten, nach Esperance, und liefen kreuz und queer über die Plantagen; die Sclaven verjagten sie aber bald, nachdem sie etwa zwanzig Stück mit ihren Beilen und Hacken getödtet hatten. Bey dieser Gelegenheit will ich diese Thiere kürzlich beschreiben. Es giebt in Surinam drey Gattungen wilde Schweine; nemlich die Pingos oder Warrie, die uns jenen Besuch abstatteten, die Craspingos und die mexikanischen Schweine, die man Peccary nennt. Die Pingos sind etwa so groß als kleine englische Schweine, schwarz und mit starken Borsten sparsam bedeckt. Sie halten sich in zahlreichen Heerden oft von mehr als dreyhunderten in den tiefsten Gegenden der Wälder auf, und laufen immer in einer einzigen Reihe, eines hinter dem andern; daher bemühen sich die Eingebohrnen auch allemal, das erste Schwein zu erlegen. Denn sobald ihr Anführer getödtet ist, verlieren sie alle Besonnenheit, stehen oft ganz still, gaffen einander dumm an, und lassen sich eines nach dem andern todtschlagen. Sie greifen nie Menschen an oder wehren sich wie die europäischen wilden Schweine. Die Craspingos sind weit größer und mit großen Hauern bewaffnet, auch sind ihre Borsten noch gröber, als die der vorigen Gattung. Diese Thiere sind sehr wild, und greifen alles an, was ihnen in

den

den Weg kommt, hauptsächlich wenn sie verwundet sind. Sie leben wie die erstern in zahlreichen Heerden beysammen, doch halten sie sich mehr in den innern Gegenden des Landes auf; bey dem geringsten Geräusch im Walde, welches Gefahr verräth, bleiben sie stehen, schließen sich in einen dichten Haufen, und bereiten sich zähneknirschend zum Angriff. Ich halte dafür, daß diese in Guiana nicht ursprünglich einheimisch, sondern von Afrika und Europa herübergebracht sind. Die Eingebohrnen schätzen ihr Fleisch sehr hoch, wie auch die Weissen, nach meinem Geschmack aber ist es trocken, hart und unschmackhaft. Das sogenannte mexikanische Schwein oder den Peccary hält man für das einzige in Guiana einheimische Thier dieser Art; auch vermischt es sich nie mit den erwähnten Gattungen. Das merkwürdigste an diesem Thier ist eine Oefnung auf dem Rücken, die man gemeiniglich den Nabel zu nennen pflegt, und etwa einen Zoll tief ist. Diese enthält eine stinkende, widrige Feuchtigkeit, welcher einige einen Muscusgeruch zuschreiben, aber im Grunde so unangenehm ist, daß, sobald das Schwein getödtet worden, man große Sorge tragen muß, diesen Theil mit einem Messer auszuschneiden, damit nicht das Fleisch davon einen ekelhaften Geschmack annehmen möge. Der Peccary ist etwa drey Fuß lang, hat keinen Schwanz, kurze Hauzähne und gelbgraue Borsten,

sten; die auf dem Rücken sehr lang, auf den Seiten und Bauch aber kurz und sparsam stehen. An der Schulter haben diese Thiere einen hellfarbigen Fleck, welcher an jeder Seite nach der Brust heruntergehet, beynahe wie der Kummt eines Pferdes. Diese Gattung Schweine halten sich mehr in dem Innern des Landes auf, und ziehen dort in den gebirgigten Gegenden und trocknen Savannahs umher. Sie sind leicht zu zähmen, und in diesem Zustande ganz unschädlich, ausser wenn sie gereizt werden. Sie sind auch keinesweges so dumm, als sie Herr von Büffon beschreibt, welcher behauptet, daß sie keinen Menschen unterscheiden lernten, und für die, welche sie nähren, keine Zuneigung haben; denn ich habe selbst gesehen, daß ein gewisser Major Medlar zu Esperance eines dieser Schweine um sich hatte, welches ihm überall, wie ein Hund, folgte, und über die Liebkosungen seines Herrn große Freude bezeugte.

Den 29sten hörten wir wieder in der Gegend des Cotticaflusses schießen, und erfuhren in der Folge, daß die Rebellen einen zweyten Angriff auf das Guth Marseille gewagt, aber durch die Treue und den Muth der Sclaven auf diesem Guth, abermals einen vergeblichen Versuch gemacht hätten.

Fourgeoud hatte mittlerweile wieder einige Ländereyen der Rebellen entdeckt und zerstört, und war nach einem kurzen Aufenthalt zu Magdeburg wieder in die Wälder gegangen, nachdem er vorher die Kranken nach Esperance geschickt hatte; diese begleitete ein junger Officier, als Arrestant, dessen ganzes Verbrechen darin bestand, daß er auf einem Posten, wo er zwey Tage und Nächte zubringen sollte, vom dringenden Bedürfniß überwältigt, endlich unter den Waffen eingeschlafen war.

Man wird sich vermuthlich wundern, wie in einem so ungesunden Clima ein so alter Mann, wie Fourgeoud, so vielen Beschwerden widerstehen konnte; wahrscheinlich aber verdankte er seine Gesundheit größtentheils einer Ptisane von ekelhaftem Geschmack, die er beständig in großen, vollen Schaalen, so warm als möglich, zu trinken pflegte, und die aus Chinarinde, Cremortartari und Süßholz gekocht wurde, und an deren Gebrauch er sich so sehr gewöhnt hatte, daß er sie gar nicht entbehren konnte.

Ich hingegen blieb noch immer so schwach und matt, daß ich anfieng an meiner Genesung zu verzweifeln, und diese Vorstellung nebst der ängstlichen Besorgniß um Johannens künftiges Schicksal drückte meinen Muth ganz darnieder. Ein Besuch, den mir um diese Zeit Herr und Madame Lolkens machten, trug wenig dazu bey, mich aufzurichten, denn von ihnen erfuhr ich, daß sie mit dem neuen Besitzer von Fal-
kens

tenberg in gar keiner Verbindung ſtünden; ferner erzählten ſie mir, das Gerücht in der Stadt verbreite allgemein, ich und Johanna wären vergiftet worden. Großen Troſt gewährte mir doch unter dieſen Umſtänden das gütige Anerbieten der Madame Polkens, Johanna ſogleich mit nach Paramaribo zu nehmen, und dort in ihrem eigenen Hauſe ihr alle Vorſorge zu erzeigen, die ihre Umſtände, bis zu ihrer völligen Wiederherſtellung, erfordern würden. Ich dankte ihr für dies freundſchaftliche Anerbieten von ganzem Herzen, und Johanna vergoß Thränen der Dankbarkeit. Ich begleitete ſie hierauf bis zu einem benachbarten Guthe, und trennte mich denn mit gerührtem Herzen von ihnen und meiner Johanna.

Als ich nach Eſperance zurückkam, muſte ich zu meinem gröſten Verdruß hören, daß meine Cameraden es abgeſchmackt fanden, daß ich für mein eigenes Kind Sorge trüge; macht es wie wir Stadtmänner, ſagten dieſe rohen Seelen in ihrer eben ſo rohen Sprache, und kümmert euch um nichts. Werden unſre Kinder Sclaven, ſo ſind ſie verſorget, und ſterben ſie, was geht es uns an, wenn ſie der Teufel obendrein hohlt? Spart darum eure Seufzer und euer Geld dazu, und ſeyd kein Narr. Ich empfand den gröſten Unwillen über dieſe abſcheulichen Reden, und nur die Klugheit hinderte mich, sie auf der Stelle zu ahnden.

Ich ging indessen meinen Gang und wandte mich an einen Mann in Paramaribo, um zu erfahren, ob der Gouverneur und Conseil es nicht in ihrem Vermögen hätten, das Kind eines freyen Mannes für frey zu erklären, falls dem Eigenthümer der Mutter ein billiges Lösegeld ausgezahlt würde; man antwortete mir aber, daß weder Geld noch Einfluß die Freyheit des Kindes ohne Bewilligung des Eigenthümers bewirken könnten, indem es nach den Gesetzen eben so gut ein Sclave wäre, als ob man es in Africa oder Guiana erkauft habe. Diese Nachricht machte mich vollkommen unglücklich, und ich nahm meine Zuflucht zum Trinken, um nur meinen Gram zu betäuben. Um diese Zeit machte ich zufälligerweise einen Besuch bey einem Herrn de Graav, den Besitzer eines Guthes am Casawinicabach, welcher alles aufbot, um meinen Trübsinn zu zerstreuen, aber vergebens; endlich als er mich mit dem Ausdruck der tiefsten Schwermuth auf meinem Gesicht auf einer kleinen Brücke am Eingange eines kleinen Pomeranzenwäldchens allein sitzend fand, trat er zu mir, nahm meine Hand, und sagte mir in dem freundlichsten Tone, Herr Lolkens hätte ihn mit der Ursache meines gerechten Kummers bekannt gemacht, und er freue sich, mir melden zu können, daß Herr Lude, der neue

Besi-

Besitzer von Falkenberg, ihn zu seinem Administrator gewählt habe, und er würde es sich zum ernstlichsten Geschäft machen, mir und meiner tugendhaften Johanna zu dienen. Kein Engel von Himmel hätte mir eine willkommnere Botschaft bringen können, und kein Verbrecher konnte die Aufhebung seines Todesurtheils mit mehr Freude anhören, als ich bey diesen trostreichen Worten empfand. Die drückende Last eines Mühlsteins schien mit einemmale von meiner arbeitenden Brust gewälzt zu seyn, und zum erstenmal seit langer Zeit glaubte ich wieder an die Möglichkeit, glücklich zu seyn. Bald nachher fand ich mich von mehreren Herren und Damen umringt, denen mein neuer Freund seine grosmüthigen Absichten eröfnet hatte, und die mir über meine Gefühle und die Erlangung eines so schätzbaren Freundes Glück wünschten. Alle schienen an meiner Freude Theil zu nehmen, und nach einem sehr fröhlich zugebrachten Tage kehrte ich in einer ganz veränderten Stimmung nach Esperance zurück.

Den 13ten brachten wir wiederum bey Herrn de Graav zu, der einige neue Sclaven gekauft hatte, und bey dieser Gelegenheit allen Negern auf seinem Guthe einen Feyertag gab. Hier hatte ich Gelegenheit, zum erstenmal die Lustbarkeiten dieser Leute zu sehen, und vorzüglich die in Loango üblichen Tänze, die von mehrerern weiblichen und männlichen Negern aus jenem Lande auf-
ge-

geführt wurden. Sie bestanden von Anfang bis zu Ende aus einer solchen Folge von unsittlichen, wollüstigen Gebehrden und Bewegungen, daß nur eine sehr erhitzte Einbildungskraft und eine beständige Ausübung dergleichen Handlungen sie in den Stand setzen konnten, darin eine solche Fertigkeit zu zeigen. Diese Tänze, die zu dem Schall einer Trommel aufgeführt werden, sind eigentlich mimische Vorstellungen, in mehrere Acte eingetheilt, welche verschiedene Stunden lang dauern. Das merkwürdigste dabey ist, daß die Tänzer anstatt zu ermüden, je länger es währt, je mehr in Feuer gerathen, bis sie ganz in Schweiß gebadet, und ihre Leidenschaften bis zu einem solchen Grade von Heftigkeit gereitzt sind, daß sie beynahe in Verzuckungen fallen.

Wie äußerst empörend für das feinere Gefühl auch dergleichen Auftritte seyn mögen, so macht doch die Gewohnheit, daß die hiesigen europäischen Frauenzimmer und Creolinnen mit eben der Gleichgültigkeit dabey als Zuschauerinnen erscheinen, mit der man bey uns den öffentlichen Vergnügungen beywohnt. Sie drängen sich ohne Scheu in Gesellschaft der Herren um die Tanzenden, und lachen recht herzlich bey Scenen, wo ein europäisches wohlgezogenes Frauenzimmer nicht die Augen aufschlagen könnte, ohne mit Schaamröthe bedeckt zu werden.

Den

Den 14 November kehrte ich nach Esperance zurück, und fand, daß der Sturm von meinem Hüttchen das Dach weggerissen hatte. Da ich es aber nicht mehr zu bewohnen dachte, ließ ich es ruhig zu Grunde gehen; obgleich ich nie vergessen kann, in dieser Hütte die seligsten Tage meines Lebens verbracht zu haben.

Den 30 November schlachtete ich einen Hammel, und ließ ihn ganz braten, um alle Officiere damit zu bewirthen, wobey wir ein Paar Gallon guten Jamaika-Rum zu Punsch verbrauchten, und den Tag froh und heiter zubrachten.

Den 4ten December begieng ich auf ähnliche Weise mit einem Gastmahl, weil ich an diesem Tage die fröhliche Nachricht erhielt, daß meine Johanna einen schönen, gesunden Knaben zur Welt gebracht hatte, und an eben dem Tage schrieb ich einen zweiten Brief an Herrn Lude nach Amsterdam, den ich so dringend als möglich einrichtete, weil ich nicht wußte, wie lange ich noch hier bleiben würde. Die Kranken erquickte ich auch an diesem Tage mit einem Dutzend Bouteillen alten Rheinwein, die mir einer meiner Freunde geschenkt hatte.

Da ich nun vollkommen wieder hergestellt war, schrieb ich an den Obersten, ich wäre jetzt bereit, ihm auf seinen künftigen Zügen in die Wälder zu folgen, und bat mir darüber Verhaltungs-

be-

befehle aus; erhielt aber weder auf diese Anfrage, noch auf mein Ansuchen nach Paramaribo gehen zu dürfen, eine befriedigende Antwort. Ich schrieb daher an meine arme Freundin, um sie über meine Abwesenheit zu beruhigen, daß ich mich wenigstens in völliger Gesundheit befände, und gieng dann mit diesem Briefe an das Ufer, um auf ein vorüberfahrendes Boot zu warten. Gegen Mittag erblickte ich die bedeckte Gondel des Falkenbergischen Guthes, die den Oberaufseher nach Paramaribo brachte, und rief ihm zu, an Land zu kommen, um meinen Brief mitzunehmen. Unglücklicherweise war dieses ein neuer Verwalter, der mich nicht kannte und sich daher weigerte, meiner Bitte zu willfahren. Da ich indessen bemerkte, daß die Neger auf ihren Rudern ruheten, faßte ich einen schnellen Entschluß, nahm meinen Brief in die Zähne und sprang damit ins Wasser, um an das Boot zu schwimmen, indem ich wohl wußte, sie würden mich wieder an Land setzen. Ich schwamm in meinem Hemde und meinen Schifferhosen bis dicht an das Boot, hielt dann meinen Brief in die Höhe und rief: wer T. seyd ihr, der sich weigert ein Stückchen Papier an Bord zu nehmen? Worauf mir der Verwalter auf Französisch zurief: je suis Jean Bearnel, paysan de Gascogne, à votre service; und gleich darauf hatte ich die Kränkung zu sehen, daß sie aus allen Kräften

weiter

weiter ruderten, und mir bald alle Hofnung benahmen, sie einzuhohlen.

Mir blieb nun nichts übrig als zu ertrinken, indem ich unmöglich gegen den Strom schwimmen konnte, und überdem von meinen Kleidern beschwert wurde. Ich that indeß mein Möglichstes, sank aber in dem Versuche zweymal zu Grunde, und wäre unfehlbar ertrunken, hätte ich nicht glücklicherweise eine vorspringende Verzäunung ergriffen, die, um Fische zu fangen, in dem Fluß angelegt war. Hier blieb ich fest hängen, bis ein holländischer Zimmermann mich oben von der Zuckermühle bemerkte, und ausrief: der englische Capitain wolle sich das Leben nehmen, worauf sogleich ein Dutzend handfeste Neger in den Fluß sprangen und mich wohlbehalten an Land schleppten, wo sie mich unter der Aufsicht meines Freundes des Major Redler, der nicht abgeneigt war, die Beschuldigung zu glauben, auf ihre Schultern nahmen, um mich nach Hause zu tragen. Meine fehlgeschlagene Hofnung, die Gefahr, Verdruß und Schaam (denn es war unmöglich, ihnen ihren Wahn auszureden) hatten mich mittlerweile so aufgebracht, daß ich völlig unsinnig war, und indem der Weg über eine schmale Brücke gieng, durch einen plötzlichen Schwung mich von den Schultern meiner Träger über das Brückengeländer noch einmal in das Wasser stürzte. Die Neger fischten
mich

mich jedoch zum zweitenmale auf, und da nunmehr der Verdacht des beabsichteten Selbstmordes bestätigt war, ward ich in meine Hangmatte gelegt, und zwey Schildwachen, mich zu beobachten, dabey gestellt, indeß einige meiner Freunde umher standen und Thränen vergossen. Ich trank nunmehr etwas heissen Wein und schlief ruhig bis an den Morgen, wo meine Versicherungen, daß ich ganz beruhigt und gelassen wäre, endlich anfingen Glauben zu gewinnen, und die Besorgnisse meiner Freunde sich zerstreuten.

Mit Bewilligung meines Freundes Nedler, machte ich nun eine kurze Reise nach Paramaribo, und fand meinen Jungen, als er eben in Madeirawein und Wasser gebadet wurde, indeß seine Mutter völlig wieder hergestellt und sehr glücklich war. Ich schenkte meiner Johanna eine goldene Medaille, die mein Vater meiner Mutter bey meiner Geburt gegeben hatte, dankte der gastfreien Madame Polkens für alle Beweise ihrer Güte und reiste nach Esperance zurück, froh, alles was mir lieb war, gesund getroffen zu haben.

Einer von meinen Negern, den ich nach jenem verunglückten Versuche mit dem Briefe nach Paramaribo abgeschickt hatte, war in seinem Geschäft ebenfalls sehr unglücklich gewesen. Sein Canot schlug in der Mitte des Surinamflusses bey dem stürmischen Wetter um, und der arme Mann, der nicht schwimmen konnte, hatte Mühe, sich

sich über dem Wasser zu erhalten, indem er die Füße gegen das Boot stemmte. In diesem Zustande nahm ihn das Boot eines Kriegsschiffes auf, brachte ihn nach Paramaribo, und behielt sein Canot für die Mühe seiner Rettung. Bey allen diesen Zufällen hielt er den Brief treulich in dem Munde fest, und lief, da er eilig war, ihn abzugeben, damit in ein unrechtes Haus. In diesem hielt man ihn für einen Dieb, weil er sich weigerte den Brief lesen zu lassen, und ließ ihn aufbinden, um vierhundert Streiche zu empfangen; glücklicherweise rettete ihn von diesem Schicksal die Dazwischenkunft eines englischen Kaufmanns, der mein guter Freund war, und den Neger kannte. So wäre der arme Schelm beynahe ertrunken und ausgepeitscht worden, blos weil er nicht, wie er es nannte, die Geheimnisse seines Herrn verrathen wollte. Wie viel europäische Dienstboten würden wohl ähnliche Treue und Festigkeit beweisen?

Da ich vorhin die Art, Fische vermittelst einer ins Wasser vorspringenden Umzäunung zu fangen, erwähnt habe, will ich jetzt dem Leser kürzlich einen deutlichern Begriff davon geben. Es ist dieses lediglich eine viereckichte Einfassung, die sich in den Fluß erstreckt und mit einem Zaun von Manicolezweigen, fest mit den Ranken der Schlingpflanze zusammengebunden, umgeben ist. In diesem Zaun ist eine große Thür, die während

rend dem Steigen der Fluth offen gelassen wird, und die man, sobald das Wasser am höchsten ist, zumacht; durch diese einfache Einrichtung fangen die Neger und Indier zuweilen Fische in großer Menge.

Nach vielen vergeblichen Versuchen, die Erlaubniß meines Chefs zu erhalten, nach Paramaribo zu kommen, gestattete er es mir doch um Weihnachten, weil er sich selbst dort aufhielt, um ein neues Corps Truppen in Empfang zu nehmen, die man stündlich von Europa erwartete. Mit mir giengen verschiedene andre Officiere hin, die buchstäblich Mangel litten, zu einer Zeit, da funfzehn Oxhoft schöner rother Wein und funfzehn tausend Gulden baares Geld seiner zu Paramaribo warteten.

Eilftes Kapitel.

Endlich om 18ten Januar 1774. verließ ich Esperance und ruderte nach Paramaribo, wo ich auf meiner Fahrt längst dem Surinamflusse Gelegenheit hatte, eine Menge Manglebäume am Ufer zu sehen, deren Zweige voller Austern hingen, von der Oberfläche des Wassers an bis zu der Höhe, wohin die Fluth steigt. Diese Austern, welche sich an die Bäume wie an Felsen ansetzen, haben den populären Irrthum erzeugt, daß sie wie Früchte dort wüchsen; sie sind übrigens

gens so klein, daß sie in einiger Entfernung wie Pilze aussehen, und einen sehr geringen Werth haben.

Den 25. dieses Monaths kamen eine große Anzahl Indier, von den ursprünglichen Einwohnern des Landes, nach Paramaribo, welche ich dadurch kennen zu lernen Gelegenheit hatte.

Diese Wilden werden in mehrere verschiedene Stämme abgetheilt, die zwar in einzelnen Sitten, Gebräuchen und Charakterzügen von einander verschieden sind, im Wesentlichen aber doch viel Aehnlichkeit haben. Die Farbe ihrer Haut ist röthlich oder kupferfarbicht, sie haben dickes und langes, schwarzes Haar, welches nie grau wird oder ausfällt, und welches die Männer kurz abschneiden, die Weiber aber lang herabhängend tragen, so daß es ihnen Schultern und Rücken bedeckt. Alle Haare auf den übrigen Theilen des Körpers reissen sie mit der größten Sorgfalt mit der Wurzel aus.

Sie sind weder groß, noch stark oder muskulös, aber durchgängig gerade, gelenkig und mehrentheils gesund, wozu wahrscheinlich ihre grosse Reinlichkeit nicht wenig beiträgt, indem sie täglich zwei bis dreimal im Flusse oder in der See baden. Ihre Gesichter sind ohne allen Ausdruck, doch zeigen sie ruhige Gutmüthigkeit und Zufriedenheit. Sie haben schöne und regelmäßige Züge, kleine, schwarze Augen, dünne Lippen und

sehr

sehr weiße Zähne. Sie entstellen sich aber alle mehr oder minder durch den Gebrauch des Arnotto oder Roukou, welchen sie Casawie nennen, die Holländer aber Orleans. Der Saamen des Arnotto wird nemlich in Zitronensaft gequetscht, hernach mit Wasser und Harz, welches aus dem Manabaum quillt, oder mit Castoröl vermischt, woraus eine scharlachrothe Farbe entsteht, mit der sie ihren ganzen Leib, und die Männer sogar ihr Haar beschmieren; ausserdem salben sie auch ihren Leib mit anderm Oele, welches in einem so brennenden Clima, als dieses, wirklich gute Dienste leistet. Eines Tages, als ich unbesonnenerweise, ohne an diesen Nutzen zu denken, einen jungen Menschen aus der Nachbarschaft von Cayenne deshalb verlachte, gab er mir folgenden, sehr treffenden Verweis in französischer Sprache: Diese Schminke, mein Herr, erhält meine Haut geschmeidig; verhindert die zu starke Ausdünstung, und macht, daß die Muskitos mich weniger als euch stechen; darum bediene ich mich dieser rothen Farbe, ihre Schönheit ungerechnet. Aber warum mahlt ihr euch weiß? (Er meinte den Puder in meinen Haaren), ihr verschwendet ohne Nutzen euer Mehl, beschmutzt euren Rock, und scheinet grau vor der Zeit.

Die Indier gebrauchen ausserdem noch eine sehr dunkelblaue Farbe, mit der sie sich allerley Figuren und Züge in das Gesicht und auf den Leib mah-

mahlen, welche mit denen viel Aehnlichkeit ha=
ben, die man in Europa a la greque nennt. Diese
Farbe ist der Saft einer Frucht, die wie ein klei=
ner Apfel aussieht, und gequetscht mit Was=
ser vermischt wird. Sie hat die Eigenschaft, so
fest auf der Haut zu haften, daß wenigstens neun
Tage Zeit dazu gehören, ehe sie wieder verlöscht.
Dieser Umstand verschafte uns einen Spas mit ei=
nem unsrer Officiere, welcher diese Behauptung
leugnete, und um seinen Satz zu beweisen, sich
einen ungeheuern Schnurbart mit dieser Farbe
machte, den er zu unsrer großen Belustigung
acht Tage lang in Paramaribo herumtragen mu=
ste, ehe er allmählig verschwand.

Die ganze Bekleidung dieser Leute besteht in
einem Streif schwarzen oder blauen Baumwol=
lenzeug, welcher bey den Männern Camisa heißt,
und den sie um die Lenden schlagen, und zwischen
den Beinen durchziehen; die langen Enden des=
selben aber schlagen sie entweder nachläßig über
die Schulter, oder lassen sie hinten nachschleppen.
Die Weiber tragen Schürzen von Baumwollen=
zeug mit bunten Glaskorallen geziert, die sie Queju
nennen. Sie sind höchstens einen Fuß breit und
acht Zoll lang, mit Franzen besetzt, und werden
mit baumwollnen Schnüren um den Leib gebun=
den. So klein sie sind, so macht ihre Schwere
doch, daß der Endzweck der Bedeckung dadurch
völlig erreicht wird. Viele tragen auch einen

Gür=

Gürtel von Menschenhaar, an dem sie vorn und hinten ein vierecktes Stück schwarzes Baumwollenzeug wie die Camisa der Männer befestigten, nur leichter und ohne jene langen Enden. Beyde Geschlechter tragen diese Gürtel so lose, daß sie beynahe über den Hintern hinunter gleiten, und den Leib ungewöhnlich lang bilden. In den innern Gegenden gehen beyde Geschlechter ganz nackend ohne alle Bedeckung. Die Weiber schneiden sich auch als Zierrath kleine Löcher in die Ohren und Lippen, in erstern stecken sie Corkstöpsel oder kleine Stücken leichtes Holz, in letztern aber alle Stecknadeln, deren sie habhaft werden können, so daß die Knöpfe inwendig an den Saum stossen, und die Spitzen wie ein Bart am Kinn hinunter hammeln. Einige stecken auch Federn durch die Backen und Nase, doch ist dieses seltener. Der unerklärlichste Zierrath aber besteht darin, daß die Mädchen von zehn bis zwölf Jahren sich baumwollene Bänder sehr dicht um das Bein, unter dem Kniee und über dem Knöchel binden, welche beständig sitzen bleiben, und weil sie sehr fest sind, verursachen, daß die Wade gegen die Zeit, daß sie völlig erwachsen sind, unverhältnißmäßig dick wird, und ihnen ein sehr unnatürliches, ungestaltes Ansehen giebt. Ueberdem tragen sie Gürtel, Halsbänder und Armbänder von Korallen, Muscheln und Fischzähnen. Allein ihr ganzer Putz kann nicht den

aus übeln

übeln Eindruck vertilgen, den ihre widrige Gestalt und ihre einwärts gebognen Füße machen. Doch muß man von diesem allgemeinen Urtheile die Weiber vom Stamm der Arrowaken ausnehmen, von denen ich in der Folge besonders sprechen werde.

Die Zierrathen der Männer sind Kronen von allerley bunten Federn oder ein Bandelier von wilden Schweins= oder Tiegerzähnen über die Schultern, als eine Urkunde ihres Muths und ihrer Geschicklichkeit. Zuweilen tragen auch die Häupter der Familien Tiegerfelle und silberne Plättchen, in Form eines halben Mondes, die sie Caracoly nennen. Auch haben sie häufig kleine länglichtrunde Stückchen Silber, und grüne oder gelbe Steine in dem Nasenknorpel.

Alle diese Stämme wohnen in den Wäldern, nahe bey Flüssen oder am Ufer des Meeres, in kleinen Dorfschaften zerstreut, die sie Carbets nennen. Ihre Häuser sind von eben der Art, wie die oben beschriebenen Hütten der Neger; statt der Blätter des Manicolebaums aber bedienen sie sich zum Dache entweder einer Art Rohr, welches Tes heißt, oder der sogenannten Trulies. Letztere sind zwanzig bis vier und zwanzig Fuß lange, und zwey bis drey Fuß breite Blätter, die unmittelbar aus der Wurzel wachsen, und ein so dauerhaftes Dach machen, daß es Jahre lang den Angriffen der Witterung widersteht.

Ihre Geräthschaften sind in sehr geringer Anzahl und sehr einfach, doch völlig ihren Bedürfnissen angemessen. Sie bestehen in einigen schwarzen, irdenen, selbst verfertigten Töpfen; einigen Kürbisflaschen oder Callebassen; einigen Körben, Pagala genannt; einen Stein zum mahlen, Nahmens Matta, und einen andern zum backen ihres Cassavabrodts; einen Fächer, das Feuer anzuwehen; einen hölzernen Schemel Muli, einen Sieb, Mamary; einer Presse, die feuchte Cassava zu quetschen, Matappy; und einer baumwollnen Hangmatte zum schlafen.

Seit ihrem Umgange mit den Europäern kamen zu diesen Geräthen noch Beile und Messer, welche letztere sie wie einen Dolch im Gürtel tragen. Noch hat jede Familie ein großes Boot, um sich und ihre sämmtlichen Habseligkeiten auf Reisen von einem Ort zum andern zu schaffen.

Die einzigen Früchte, welche diese Leute bauen, sind Yamwurzeln, Bananas und Pisang, und vorzüglich die Cassava oder vielmehr Maniocwurzel, aus der sie ein wohlschmeckendes Brod bereiten. Auch essen sie häufig Acajounüsse, die von vortreflichem Geschmack sind, und im Innern des Landes auf einem hohen Baum wachsen, den ich aber nie gesehen habe.

Außerdem genießen sie häufig See- und Landschildkröten und Taschenkrebse; aber vorzüglich lieben sie die Iguanen, eine Gattung großer Ei-

dech-

dechsen; alle diese Speisen pflegen sie so stark mit Cayennepfeffer zu würzen, daß ein Europäer sich bey dem bloßen Kosten derselben den Mund verbrennt. Salz hingegen brauchen sie wenig oder gar nicht. Ihre Fische und Wildpret pflegen sie, zum Schutz gegen die Fäulniß, blos im Rauch zu dörren.

Sie haben verschiedne Arten von Getränken, deren einige gegohren und berauschend sind, und deren sich bey Gelegenheit beyde Geschlechter in ziemlichem Maaße bedienen. Eines ihrer Getränke, welches vorzüglich die Weiber genießen, ist der Saft der Cumufrucht. Der Cumubaum ist der kleinste vom Palmgeschlecht, und trägt Trauben von dunkelbraunen Beeren, deren Fleisch einen runden, harten Stein, von der Größe einer Pistolenkugel, locker umgiebt. Diese Beeren werden in kochendem Wasser aufgelöst und zerrieben, und geben, mit Zucker und Zimmt vermischt, ein angenehmes Getränk, welches beynahe wie Chokolade schmeckt.

Piwuri ist eine Composition von Caffavabrod, von den Weibern gekaut, mit Wasser vermischt und hernach in Gährung gebracht; es schmeckt einigermaßen wie englisch Ale und ist berauschend. Die Art der Zubereitung hat für den Magen eines Wilden nichts Empörendes. Ein ähnliches Getränk bereiten sie aus Brod von türkischem Waizen, und nennen es Chlacoar.

Cassiri ist ein andres beliebtes Getränk unter diesen Wilden, und besteht in einer Mischung von Yams, Cassava, sauren Pomeranzen, Syrup und Wasser, welches eine Zeit zusammen gähren muß.

Die Indier haben keine eigentliche Zeitrechnung, und das einzige Mittel, das sie kennen, einen gewissen Zeitraum anzudeuten, ist ein Strick mit einigen Knoten. Ihre musikalischen Instrumente sind eine Art von Flöte aus einem einzigen dicken Stück Rohr, aus dem sie einen Ton, wie das Gebrülle eines Ochsen ohne Zeitmaaß und Abwechselung hervorbringen. Ausserdem haben sie auch sogenannte Pansflöten; sie verfertigen auch eben dergleichen aus den Knochen ihrer Feinde, von welcher letztern Art ich eine in Händen habe.

Diese Wilden erkennen einen Gott, als den Urheber alles Guten, der auch nie geneigt ist, ihnen Böses zuzufügen, dabey aber beten sie den Teufel an, den sie Yawahu nennen, damit er ihnen kein Böses zufügen möge; diesen schreiben sie Schmerzen, Krankheit, Wunden und Tod zu, und sobald ein Wilder stirbt, verläßt die ganze Familie ihren Wohnort, um nicht weiter den üblen Einflüssen des bösen Geistes ausgesetzt zu seyn.

Sie leben in der vollkommensten Freyheit, ohne Ländereigenthum oder Regierung, gewöhnlich

lich aber ist in jeder Dorfschaft der Aelteste ihr Anführer, Priester und Arzt, und diesem bezeigen sie einen ehrfurchtsvollen Gehorsam. Sie nennen diese Männer Peli oder Pagayers, und wie in einigen gesitteten Nationen, leben sie besser, als alle die übrigen.

Die Vielweiberey ist unter den Wilden eingeführt, und ein jeder kann so viel Weiber nehmen, als er zu ernähren im Stande ist. Doch haben sie selten mehr als eine, die sie mit Argusaugen bewachen, und sogleich todschlagen, wenn sie Beweise ihrer Untreue haben. Ihre Kinder hingegen schlagen sie niemals, geben ihnen auch keine Art von Erziehung, ausser daß sie solche zum Jagen, Fischen, Laufen und Schwimmen anführen; dem ungeachtet brauchen sie nie Schimpfreden unter einander, stehlen nie, und eine Lüge ist etwas ganz unerhörtes unter ihnen. Hiezu kann man noch setzen, daß sie ausserordentlich dankbar für empfangene Wohlthaten und gute Behandlung sind, wovon ich mehrere auffallende Beweise anführen könnte; wenn sie sich aber für beleidigt halten, sind sie sehr rachgierig.

Ihre Hauptlaster aber sind übermäßiges Saufen, so oft sie dazu Gelegenheit haben, und eine unbegreifliche Trägheit. Sobald ein Wilder nicht auf der Jagd ist, bringt er seine ganze Zeit in seiner Hangmatte zu, stochert sich die Zähne, beschaut sein Gesicht in einem Stückchen zerbrochbrochnen Spiegel, und rupft sich die Haare aus dem Bart.

Ihre Waffen sind hauptsächlich Bogen und Pfeile, letztere machen sie auf mancherley Art, zu verschiednen Endzwecken. Einige sind mit Wiederhaken versehen, andre mit runden stumpfen Knöpfen, von der Größe einer Kastanie; diese gebrauchen sie, um Vögel, vornehmlich Papageyen, auch kleine Affen zu betäuben, nicht zu tödten, diese erhohlen sich denn bald nach dem Schlag und werden lebendig in Paramaribo verkauft. Andre Pfeile werden mit einem tödtlichen Gift bestrichen, und durch ein Rohr geblasen, welches sie mit einer solchen Kraft thun, daß das kleine Todeswerkzeug auf vierzig Schritt weit unwandelbar sein Opfer erreicht, und auf der Stelle tödtet.

Ueberdem führt jeder Indier eine Keule von sehr schwerem Holz, die etwa achtzehn Zoll lang, platt und viereckicht, an dem einen Ende aber schwerer als am andern ist. In der Mitte, wo man sie anfaßt, sind die Keulen dünner, und mit starken baumwollnen Fäden umwunden, auch mit einer Schlinge versehen, um sie an die Faust zu hängen. Sehr oft wird an einem Ende dieser Keulen ein scharfer Stein befestigt, und denn ist ein Schlag mit derselben hinlänglich, um die Hirnschale zu zerschmettern. Die Art, wie sie diesen Stein in dem Holze befestigen, ist merk-
wür-

würdig. Sie stecken ihn nemlich in den Baum, während er noch im Wachsthum ist, wo er bald so fest einwächst, daß keine Gewalt ihn herauszwängen kann, in der Folge wird das Holz abgeschnitten, und zu dem Werkzeug bearbeitet.

Die indischen Mädchen sind im zwölften Jahr mannbar, sehr oft auch weit früher, und gewöhnlich heirathen sie um diese Zeit. Die ganze Ceremonie bey dieser Gelegenheit besteht darin, daß der Mann ihr einiges von seiner Jagd und Fischerey zum Geschenk anbietet, und nimmt sie es an, so erfolgt die Frage: willst du mein Weib seyn? Ihre Einwilligung beschließt den Handel, und die Hochzeit wird mit einem Schmauß gehalten.

Die Weiber gebären leicht und ohne Schmerzen, und sorgen schon am andern Tage für alle Bedürfnisse der Familie. So lächerlich und unglaublich es aber auch scheinen mag, so ist es doch eine unleugbare Thatsache, daß sich jeder Mann nach der Niederkunft seiner Frau, auf vier Wochen in seine Hangmatte legt, stöhnt und winselt, als ob er in Kindesnöthen gewesen wäre, und sich von den Weibern pflegen und mit den besten Speisen bedienen läßt. Dies nennen sie von ihren Arbeiten ruhen. Die meisten wilden Stämme halten eine platte Stirn für eine Schönheit, und pflegen daher die Köpfe ihrer

neu-

neugebohrnen Kinder zu drücken, um ihnen die beliebte Gestalt zu geben.

Die indischen Weiber essen nie in Gesellschaft ihrer Männer, sondern pflegen sie wie Sclavinnen zu bedienen; daher bleibt ihnen auch wenig Zeit zur Pflegung ihrer Kinder, die demungeachtet gesund und wohlgestaltet sind. Wenn sie reisen, tragen sie die Kinder in einer kleinen Hangmatte, die über eine Schulter geschlungen ist: in dieser sitzt das Kind, und hat ein Bein vor und das andre hinter der Mutter.

Wenn ein Wilder sich dem Tode nahe fühlt, es sey nun Krankheits oder Alters halber, welches letztere das allgemeinste ist, müssen ihre Priester den Yawahu oder Teufel um Mitternacht austreiben. Dies geschieht durch das klappernde Schütteln eines Kürbis, mit kleinen Steinen, Erbsen oder Korallen gefüllt, wobey sie eine lange Rede halten. Das Amt eines Priesters ist erblich, und diese vorgeblichen Geisterbanner essen nie öffentlich Fleisch, obgleich sie eigentlich in Geheim weit besser leben, als die armen Layen.

Sobald ein Wilder stirbt, wird er sogleich gewaschen, mit Oel eingesalbt und in einem neuen baumwollnen Sack, in einer sitzenden Positur, mit dem Kopf auf den Händen ruhend, und die Ellbogen auf die Kniee gestützt, nackend begraben, wobey die Anverwandten und Nachbaren die Gegend mit lautem Geschrey erfüllen. Bald

nach=

nachher aber betäuben sie ihre Betrübniß durch ein großes Saufgelag. Nach Verlauf eines Jahres wird der verwesete Körper wieder ausgegraben, und die Gebeine unter seine Verwandten und Freunde vertheilt, wobey wiederum kräftig geheult wird, und gleich darauf sieht sich die Nachbarschaft nach einem andern Wohnorte um. Einige Stämme setzen ihre verstorbenen Verwandten in der oben beschriebenen Stellung einige Tage lang unter Wasser, wo die Fische in kurzer Zeit das Fleisch von den Knochen ablösen, worauf das Gerippe an der Sonne getrocknet, und an der Decke ihrer Hütten aufgehängt wird; und dies geschieht zum Beweise der größten Achtung gegen ihre abgeschiedenen Freunde.

Auf ihren Reisen zu Lande führen sie immer ein Canot bey sich, welches aus einem einzigen Baumstamm, durch Feuer ausgehöhlt, verfertigt, und, so wie sie selbst, überall mit Arnotta beschmiert ist. Wenn sie auf den Flüssen fahren, rudern sie gewöhnlich gegen den Strom, um desto besser Gelegenheit zu haben, das Wild, welches ihnen zwischen den Bäumen am Ufer aufstößt, zu erlegen. Wenn sie auf dem Meere längst der Küste fahren, füllen die Wellen ihr kleines Fahrzeug oft mit Wasser, dies ist aber für sie ein unbedeutendes Uebel, denn da beyde Geschlechter im Schwimmen geübt sind, springen sie über Bord, halten sich mit der einen Hand am Fahrzeug

zeug und schöpfen es mit der andern mit hohlen
Kürbissen aus.

So friedfertig diese Wilden im ganzen sind,
so pflegen sie doch zuweilen unter einander Krieg
zu führen, um Gefangene zu machen, wozu sie
nicht wenig von den Christen aufgemuntert werden, die diese Gefangne als Sclaven kaufen, und
sie mit europäischen Waaren bezahlen. Sclaven dieser Art sind indessen mehr zur Parade als
zum Nutzen, da sie sich durchaus zu arbeiten weigern, und wenn sie übel behandelt oder geschlagen werden, wie Turteltauben in einem Bauer
eingesperrt, die Flügel hängen lassen, alle Nahrung verweigern, bis sie ganz entkräftet allmälig
hinschwinden und zuletzt sterben.

Zwölftes Kapitel.

Ich komme nunmehr wieder zu meinem Haupt-
augenmerk, der Erzählung von Fourgeouds militairischen Operationen, zurück. Den 30sten Januar 1775 kam die Nachricht von Paramaribo,
daß die längst erwartete Verstärkung unserer so
sehr verminderten Truppen in dem Transportschiff Maas in dem Fluß Surinam angekommen
sey. Diese Verstärkung bestand aus hundert
und zwanzig Mann, in zwey Divisionen, unter
dem Commando des Obersten Seyburg. Zwey
andre Divisionen wurden noch erwartet. Ich
gieng sogleich den Fluß hinab, um die Neuange-
kom-

kommenen zu bewillkommen, speiste am Bord ihres Schiffes, und segelte denn mit ihnen den Strom hinauf, bis an die Festung Zelandia, wo sie mit einigen Canonenschüssen begrüßet wurden. Unter den Officieren erkannte ich mit großem Vergnügen meinen alten Schiffsgefährten, den armen Fähnrich Hesseling, den wir bey unserer Abreise aus dem Texel im December 1772 an den Blattern todtkrank zurücklassen mußten.

Unser Chef bat die Officier des neuen Corps, gleich nach ihrer Ankunft, zum Essen bey sich, und bewirthete sie gar herrlich mit Pöckel Rind- und Schweinefleisch, Gersten-Graupen und harten Erbsen. Ich hatte die Ehre, an diesem schönen Gastmahl Theil zu nehmen, und belustigte mich nicht wenig an den bedeutenden Blicken, welche die Neuangekommenen sich über den Chef und seine Mahlzeit zuwarfen. Des Abends führten wir sie in das Schauspielhaus, wo ein Trauerspiel und eine Farçe gleich komisch und Gelächter erregend gespielt wurden. Den andern Tag gab der Gouverneur ein prächtiges Gastmahl, wo die Fremden wieder eben so sehr über den Ueberfluß und die Pracht erstaunten, als vorher über Fourgeouds frugale Kost.

Den 5ten wurden die neuangekommenen Truppen schon nach den obern Gegenden des Comawina abgeschickt, nnd den 6ten erhielt das ganze europäische Corps ohne Ausnahme Befehl,

fehl, Paramaribo zu verlaſſen, und nach den
obern Gegenden des Comawina zu marſchieren,
als wohin das neue Verſtärkungscorps ſchon ab=
gegangen war, um dort ein Lager aufzuſchlagen.

Ich bereitete mich demzufolge zu meiner vier=
ten Campagne, nahm von meiner kleinen Fami=
lie Abſchied, und begab mich an das Ufer des
Fluſſes, um in der nemlichen Barke mit dem
Oberſten Seyburg abzureiſen. Dieſer glaubte
zwar, die Truppen, welche er von Holland ge=
bracht hatte, machten ein ganz abgeſondertes
Corps aus, gab in meiner Gegenwart Befehl,
vom Ufer zu ſtoßen, als ich noch kaum zehn
Schritte entfernt war, und ließ mich, ganz er=
ſtaunt über ſein ſonderbares Verfahren, am
Strande ſtehen. Ich wußte ſehr wohl, daß
Fourgeoud mit einem Eide verſichert hatte, er
ſollte eben ſo pünktlich nach ſeinen Befehlen agi=
ren, als der jüngſte Fähnrich beym Regiment,
und fand, daß dies ganz billig war; ich nahm
mir daher auch vor, den Oberſten in allen Stü=
cken gegen ſeinen Gegner beyzuſtehen. Ich rei=
ſte gleich darauf in einem andern Boot ab, und
hohlte den Oberſten Seyburg zu ſeinem großen
Erſtaunen bald ein, und weiterhin machten wir
unſre Reiſe gemeinſchaftlich.

Den 10ten erreichten wir Eſperance, wo ich
ſo viele Monate zugebracht hatte, und wo unſer
Lazareth noch immer war, und den 11ten kamen
wir

wir zu der Plantage Creweſſibo, wo wir die Nacht zubrachten, und der Oberaufſeher ſo ausnehmend unverſchämt war, daß ich, ohnehin der ganzen Raſſe der Oberaufſeher nicht ſonderlich ergeben, ihm eine derbe Tracht Prügel aufzählte, worauf er in größter Eil ſogleich in einem kleinen Boot mit einem einzigen Neger die Plantage verließ, und um Mitternacht mit blutigem Geſicht, wie Banquos Geiſt, vor Fourgeoud erſchien, der ihn mit einem tüchtigen Fluch abfertigte.

Den 12ten kamen wir glücklich an dem Orte unſerer Beſtimmung an, nachdem wir bemerkt hatten, daß von Eſperance an die Plantagen allmälig viel ſeltner an den Ufern wurden, und zehn bis zwölf engliſche Meilen weiter nicht ein angebauter Fleck zu ſehen war, indem die Rebellen hier im Jahr 1757 alles verheert hatten, einen kleinen Ort ausgenommen, der Jakob genannt wurde, und wo man einige Neger unterhielt, um Bauholz zu fällen. Oberhalb wird der Fluß ſehr enge und iſt an beyden Seiten mit undurchbringlichen Buſchwerk und Sträuchern bedeckt. Magdeburg, unſer Poſten, war etwa hundert engliſche Meilen von Paramaribo entfernt. Ehedem war hier eine Plantage, jetzt aber iſt keine Spur von Cultur mehr übrig, außer ein alter, armſeliger Pomeranzenbaum; alles übrige beſteht, ſo wie die ganze Gegend, aus einem öden, unfruchtbaren Berge.

Wir

Wir fanden hier die Oberfläche des Erdbodens mit einer Substanz bedeckt, welche wie Perlmutter aussahe, und in kleinen Schuppen, von der Größe eines englischen Schillings, umher zerstreut war. Man findet überhaupt in vielen Stellen von Surinam Spuren von Erzen und Metallen. Eisenerz ist sehr häufig, und ich zweifle keineswegs, daß man Gold= und Silberbergwerke entdecken könnte, wenn nur die Holländer die Kosten dazu hergeben wollten. Den sogenannten Marawina Diamant habe ich schon angeführt, und rother und weisser Agath wird häufig in den obern Gegenden des Surinamflusses gefunden. In der Gegend dieses Berges fanden wir die Luft kühler und reiner, und folglich auch gesünder als in allen andern Theilen der Colonie.

Den 17ten kam die Nachricht, daß das Transportschiff Maria Helena, mit den beyden andern Divisionen, von hundert und zwanzig Mann, den 14ten im Surinamfluß angekommen wären. Den 5ten Merz trafen auch diese in schweren Barken zu Magdeburg ein, nebst hundert Negersclaven, um auf den Märschen die Bagage zu tragen. Einen dieser Neger vermißte man auf einer Barke, und da man auch Spuren von Blut in derselben entdeckte, kamen der dort commandirende Officier und die Schildwache in Arrest, um wegen des Mordes vernommen zu werden.

Den

Den 13ten Merz fand eine Barke, die mit Lebensmitteln von Paramaribo kam, den am 5ten vermißten Neger, am Rande des Wassers, im Strauchwerk liegen; sein Hals war von einem Ohr zum andern abgeschnitten, aber dennoch lebte er, indem das Messer die Gurgel verfehlt hatte. Die Leute in der Barke nahmen diese, bis auf Haut und Knochen abgezehrte Gestalt, am Bord, und brachten sie nach Magdeburg; hier nähte ein geschickter Wundarzt die Wunde zusammen, und der Mann erhohlte sich zum Erstaunen schnell, nachdem er neun Tage lang in dem schrecklichsten Zustande, ohne Nahrung und Bedeckung und in seinem eigenen Blute schwimmend, gelegen hatte.

Sobald er hinlänglich hergestellt war, um zu sprechen, befragte ich ihn, wie er zu dieser Wunde gekommen wäre, und erfuhr, daß er die unglückliche That selbst verübt hatte, worauf der Officier und die Schildwache sogleich in Freyheit gesetzt wurden.

Auf weiteres Befragen, was ihn zu dieser Handlung vermögen können, versicherte er, er hätte keinen Grund dazu gehabt.

Ich habe, setzte er hinzu, eine gütige Herrschaft, und eine Frau und Kinder, die ich sehr liebe. Ich hatte auch die ganze vorhergehende Nacht bis gegen vier Uhr recht fest geschlafen, und als ich aufwachte, nahm ich mein Messer,

um

um mir die Zähne zu stochern, schnitt mir aber in demselben Augenblick, ohne es zu wissen warum, den Hals ab, welches mir aber sogleich wieder leid ward. Ich verließ daher meine Hangmatte und stieg in das Canot, um mich zu waschen, und um einen Versuch zu machen, die Wunde zu verbinden, indem ich mich aber über dem Bord lehnte, und dabey stark blutete, ward ich schwach und fiel in den Fluß; nunmehr war es mir gleich unmöglich, wieder an Bord zu kommen oder um Hülfe zu rufen. Dennoch arbeitete ich mich an das Ufer, wo ich sogleich hinfiel, und hülflos liegen blieb, bis mich das Boot aufnahm. Während diesen ganzen neun Tagen hatte ich beständig mein Bewußtseyn, und sahe gelegentlich einen Ameisenbären, den der Geruch des faulen Blutes an meinem Halse herbeygelockt hatte, der sich aber, als ich mich bewegte, wieder in den Wald begab.

Ich gab dem armen Menschen etwas Bostonner Zwieback, eine Callebasse voll Gerstengraupen, um sich Suppen zu kochen, und etwas Wein. Er schien etwa sechszig Jahr alt zu seyn.

Um diese Zeit erhielt ich einen Brief von meinem Freund Kennedy, der mich sehr betrübte, indem er mir meldete, er wäre im Begriff nach Holland zurückzukehren, und bäte mich, meinen Knaben Quaco nach dem Guth zurückzuschicken;

dem

dem zufolge schickte ich ihn mit einem Briefe dorthin ab, und erbot mich, ihn seinem Herrn abzukaufen, sobald ich dazu im Stande seyn würde.

Den 2ten April ließ der Oberste Fourgeoud alle Kranken in der Colonie nach Magdeburg kommen, weil hier die Luft weit gesünder als anderwärts war. Doch war der alte Herr um diese Zeit vorzüglich grämlich, und schonte in seiner bösen Laune weder Freund noch Feind, indem er schwor, daß keiner vom Dienst frey seyn sollte, sobald er nur auf den Beinen stehen könnte. Um diese Zeit ward auch ein starkes Detaschement nach dem Guthe Brunsburg in Comawina abgeschickt, wo man einen Aufstand der Sclaven besorgte, indem sie sich geweigert hatten, des Sonntages zu arbeiten, wozu sie jedoch mit Peitschenhieben gezwungen wurden.

Um eben diese Zeit hätte ich bald durch einen Zufall mein Leben eingebüßt, und dankte meine Rettung nur der Geistesgegenwart meines Gefährten. Zwey Neger von einer benachbarten Plantage waren beschäftigt, für Fourgeoud zu schießen und zu fischen, und einer von ihnen, Namens Philander, der schönste Mensch ohne Ausnahme, den ich je gesehen habe, fragte mich, ob ich sie begleiten wollte, um mit ihnen zu jagen. Ich willigte ein, und wir gingen zusammen; kaum aber hatten wir ein Paar Meilen Weges gemacht, als ein starker Regenguß uns nöthigte, unsern Plan aufzugeben, und wir beschlossen, nach dem kleinen Ort, Jacob genannt, zu gehen, um dort Schutz zu suchen. Auf dem Wege dahin musten wir einen tiefen Sumpf passiren, und nachdem wir schon bis an die Armhöhlen im Wasser gewatet hatten, fingen Philander und seine Geführten an, mit einer Hand zu schwimmen, indem sie mit der andern das Gewehr in die Höhe hielten, und mir zugleich zuriefen, ihnen zu folgen. Ich versuchte dieses, da ich blos mein Hemde und ein Paar Schifferhosen anhatte, aber nach ein Paar Streichen sank ich durch die Last meiner Flinte, wie ein Stein, zu Grunde. Ich ließ sie aber sogleich fahren, und in dem Augenblick stieg ich wieder in die Höhe, und bat Philandern, nach meinem Gewehr unterzutauchen, der es auch glücklich wieder heraufbrachte. In eben diesem Moment erscholl eine donnernde Stimme durch das Gebüsch: wer ist da? und eine andre antwortete: schießt, schießt, es ist Bonny, schießt den Hund todt! Wir sahen hier auf, und erblickten ganz in der Nähe die Mündungen von sechs Flinten, die auf uns gerichtet waren. Ich tauchte eiligst unter, Philander aber war besonnen genug, um zu antworten: wir gehörten nach Magdeburg, worauf man uns erlaubte, einer nach dem andern an Land zu kommen, und fanden, daß die treuen Neger von dem Gütchen Jacob, die ein Geplät-

scher

scher im Wasser gehört, und drey bewaffnete Männer im Sumpf erblickt hatten, uns für die Rebellen hielten, die unter Bonnys Anführung sie anzugreifen kämen. Mich hatten sie, weil ich beynahe nackend, und von der Sonne sehr verbrannt war, für Bonny gehalten; auch sahe ich in diesem Zustande mit meinem kurzen, krausen Haar einem Mulatten vollkommen ähnlich. Wir stärkten uns hier mit etwas Rum, trockneten unsere Kleider bey einem guten Feuer, und kehrten denn, voller Freuden über unsere glückliche Rettung, nach Magdeburg zurück.

Den 19ten schickte Fourgeoud, der nun mit frischen Truppen versehen war, eine ganze Schiffsladung Invaliden nach Holland zurück; mein treuer Freund Hennemann kehrte auch in einem sehr geschwächten Zustande in sein Vaterland heim.

Den 21sten wurden hundert Mann ausgesandt, um die Gegend um das Lager her zu durchstreifen, und ich war auch dabey; wir stießen aber auf nichts merkwürdiges, ganze Schaaren von Affen ausgenommen, von einer Gattung, die man hier Quatas nennt, und die erstaunend viel Aehnlichkeit mit dem menschlichen Geschlecht haben. Sie sind sehr groß, die Arme und Beine sind mit langen, schwarzen Haaren bewachsen, das Gesicht aber ganz von Haaren entblößt, sehr roth, mit tiefliegenden Augen,

die

die ihnen völlig das Ansehen geben, als ob es alte indische Weiber wären. Sie haben an den Vorderpfoten nur vier Finger, an den Hinterbeinen aber fünf, alle mit schwarzen Nägeln versehen. Der ungeheure Schwanz ist am Ende hart und kahl, und krümmt sich einwärts, weil sie sich häufig mit demselben an die Zweige der Bäume hängen.

Bey meinem Rückmarsch nach Magdeburg entging ich mit genauer Noth der Gefahr, durch den Fall eines ungeheuren Baums, der vor Alter gerade vor mir niederstürzte, zerquetscht zu werden; doch verwundete er einige unsrer Seesoldaten, glücklicherweise aber nur leicht. Dergleichen Zufälle sind in diesen unwegsamen Wäldern gar nicht selten.

Wir waren nunmehr gerade mitten in der regnichten Jahreszeit, demungeachtet aber beschloß unser Oberster, die Wälder zu durchstreifen, und gab dem zufolge Befehl, daß zwey starke Colonnen am folgenden Tage aufbrechen sollten. Der Grund, warum er eben diesen Zeitpunct wählte, war, daß wenn es ihm gelänge, die Rebellen zu entdecken, so müsten sie aus Mangel in den Wäldern umkommen, welches in den trocknen Monaten, wo man überall wilde Früchte und eßbare Wurzeln findet, nicht so leicht der Fall seyn würde. Nach meiner Meynung war sein Verfahren dennoch falsch, wenn man überlegt,

welche

welche Verwüstung die nasse Witterung unvermeidlich unter seinen Leuten anstellen muste, und daß er gewiß zwanzig Mann aufopferte, ehe er einen Rebellen fangen oder erlegen konnte.

Fourgeoud selbst litte dabey am wenigsten, denn er hatte eine starke Leibesbeschaffenheit, und war Zeitlebens viel mit der Jagd beschäftigt gewesen; außerdem war er sehr mäßig, und erhielt sich durch den täglichen Gebrauch seiner beliebten Ptisane.

Seine ganze Kleidung auf diesen Märschen bestand in einer Weste, und durch ein Knopfloch derselben steckte er seinen Degen. Auf dem Kopfe trug er eine baumwollene Nachtmütze, und über derselben einen weißen Biberhut. In der Hand führte er blos ein Rohr, und selten sahe man ihn mit einer Flinte oder Pistole, dabey erschien er häufig zerlumpt und baarfuß, wie der gemeinste Soldat.

Früh, den 3ten April, traten die beyden Colonnen, unter der Anführung der Obersten Fourgeoud und Seyburg, ihren Marsch in die Wälder an. Die armen Leute waren sehr schwer bepackt, und hatten Befehl erhalten, das Schloß an ihren Gewehren in ihre Tornister zu stecken, um sie gegen den Regen zu schützen, der in Strömen herunterstürzte. So marschirten wir längst den Ufern des Tempatibaches, wo wir bald an

Sümpfe kamen, in denen wir bis an die Kniee im Wasser waten musten.

Den 4ten kamen wir bey großen Stößen von vortreflichem Holz vorbey, die dort seit dem Jahre 1757 lagen und faulten, wie die Plantagen von den Negersclaven verheert wurden. Unter diesen waren vortrefliche Holzarten, vorzüglich das Purpurkernholz, das Eisenholz, und das Burracurra = oder Brasilienholz.

Der Purpurkernbaum (Purplehearttree) wächst zuweilen achtzig Fuß hoch, und ist von verhältnißmäßiger Dicke, mit einer glatten, dunkelbraunen Rinde. Das Holz hat eine schöne, dunkelrothe Farbe und einen angenehmen Geruch, und wird wegen seiner Festigkeit und Schwere sehr geschätzt.

Der Eisenbaum, der seine Benennung von der erstaunenden Dauer und Härte seines Holzes hat, wächst etwa sechszig Fuß hoch, und hat eine hellfarbige Rinde. Die Europäer schätzen das Holz sehr wegen seiner Härte, indem es sogar dem Beil widersteht. Es nimmt eine vortrefliche Politur an, und ist so schwer, daß es unter dem Wasser zu Grunde sinkt.

Der Burracurra = oder Brasilienbaum wächst dreyßig bis vierzig Fuß hoch, und ist verhältnißmäßig schlank für seine Höhe; die Rinde ist von röthlicher Farbe. Nur der Kern dieses Baums ist von Werth, nachdem man das weisse, markigt

Holz

Holz weggeschnitten hat, wodurch die Masse des Holzes sehr vermindert wird. Es ist aber denn auch wunderschön und sehr nutzbar; seine Farbe ist ein schönes dunkles Carmosinroth, mit unregelmäßigen, seltsam geformten, schwarzen Flecken vermischt, woher es von den Franzosen die Benennung Bois de Lettres bekommen hat, es ist schwer, hart und dauerhaft, doch pflegt es leicht zu springen, und nimmt die vortreflichste Politur an. Diese letztere Holzsorte ist in Guiana seltner als die beyden andern, und wächst vorzüglich in bergichten Gegenden, wo man auch Ebenholz findet. Die großen, schweren Bäume in diesem Lande werden für die Zuckermühlen vorzüglich gesucht, und nach den englischen westindischen Inseln verschickt, wo man sie oft für funfzig Guineen das Stück verkauft.

Den 3ten setzten wir unsern Marsch durch tiefe und gefährliche Sümpfe fort, wo wir bis an die Brust einsanken, wobey noch der Regen in Strömen herabgoß. In dieser hülflosen Lage beunruhigte uns plötzlich ein Geräusch, welches wir den Rebellen zuschrieben, die wahrscheinlich in dieser Gegend Holz fällten. Bey näherer Untersuchung fand sich jedoch, daß es nur eine Schaar Affen waren, die oben in den Gipfeln einiger Bäume saßen, und die Nüsse, die auf denselben wuchsen, gegen die Aeste schlugen, um die Kerne heraus zu hohlen. Dieses verrichteten sie

in

in einer gewissen Ordnung, so daß die Schläge nach gleichzeitigen Zwischenräumen auf einander folgten, als ob es nach dem Takt geschähe, und es in der Ferne völlig klang, als ob einige Arbeiter Holz fällten.

Gegen Abend campirten wir am Ufer des Tempatibaches, wo wir große Feuer anzündeten, und bequeme Laubhütten errichteten, so daß wir die Nacht sicher gegen die Nässe geschützt zubrachten.

Den 6ten setzten wir unsern Marsch erst Westwärts, nachher aber Nordwärts über hohe Berge fort, die, wie man sagt, reich an Metallen seyn sollen.

Den 7ten marschirten wir immer fort auf hohen Bergen, von denen wir zuweilen herrliche Aussichten über die schönsten Gegenden hatten, wo die Vegetation in der üppigsten Fülle erschien. Unter unzähligen andern Gewächsen zog der Arnottobaum vorzüglich meine Aufmerksamkeit auf sich. Dieser Baum heißt auch Rourou oder Orleans, und die Wilden nennen ihn Tassowh. Eigentlich ist es nur ein Strauch, indem seine Höhe höchstens zwölf Fuß beträgt. Die Blätter sind auf der einen Seite grüner als auf der andern, und mit Fasern von röthlich braunner Farbe durchschnitten, die ebenfalls durch den Stamm laufen. Die Schoten oder Hülsen sind so groß, wie ein kleines Hühnerey, und stachelicht, wie die äußere Schaale

Schaale einer Castanie. Anfänglich sind sie schön Rosenfarb, welches sich, so wie sie reif werden, in Dunkelbraun verwandelt; alsdenn springen sie auf, und entfalten ein schönes carmosinrothes Fleisch, in dem einige schwarze Körner, von der Größe der Traubenkerne, sind. Auf welche Art man dieses Fleisch zum Färben gebraucht, habe ich schon vorhin, bey der Beschreibung der Eingebohrnen, angeführt. Die Roucou-pflanze muß ich hier noch bemerken; von der die berühmte Madam Merian eine Zeichnung liefert, ist von dem Gewächs, welches ich hier sahe, sehr verschieden. Auch behauptet sie zu meinem großen Erstaunen, daß es ein großer Baum sey, der diese Farbe hervorbringt.

Gegen Abend trafen wir wieder in unserm Lager zu Magdeburg ein, und zwar so erschöpft und ermüdet, daß manche kaum im Stande waren, ihre Last fortzuschleppen. Von dem Feinde hatten wir, wie gewöhnlich, keine Spur gesehen. Am andern Tage rückte auch die Colonne, unter der Anführung des Obersten Sebburg, ins Lager, die eben so wenig von den Rebellen erfahren hatten, als wir.

Den 9ten kehrte mein Negerknabe Quaco von Paramaribo zurück, und brachte die angenehme Nachricht, daß sein Herr ihn mir für fünfhundert Gulden überlassen wolle, welches mit den Kosten beynahe fünfzig Pfund Sterling aus-

ausmachte, wofür mir der Oberste Fourgeoud sehr gefällig einen Wechsel auf seinen Agenten gab. Dieses glücklich geendigte Geschäfte erregte natürlicherweise von neuem den Wunsch, meine arme Johanna und ihren Knaben in Freyheit zu setzen, wozu ich noch keine nahe Aussicht hatte, indem die Antworten auf meine Briefe nach Holland noch immer ausblieben.

Um diese Zeit brachte mir ein Neger ein Gericht Gru-gru oder Kohlpalmwürmer, die hier für eine große Leckerey gehalten, und beständig nach Paramaribo zum Verkauf gebracht werden. Diese Würmer finden sich in dem Bergkohlbaum, der zu dem Palmengeschlecht gehört. Sie sind von der Größe und Dicke eines starken Mannsdaumen, sehr fett, und entstehen aus den Eyern eines schwarzen Käfers. So ekelhaft ihr Ansehen ist, werden sie doch sehr gesucht, und vereinigen in ihrem Geschmack wirklich etwas von allen orientalischen Gewürzen, als Zimmt, Nelken, Muskatennuß und Blüthe. Die Art, solche zu bereiten, ist folgende: man steckt sie auf einen kleinen hölzernen Spieß und läßt sie mit etwas Salz und Butter in der Pfanne braten. Alle Palmarten bringen diese Maden hervor, doch sind einige größer als andre; alle aber sind von blaßgelber Farbe mit schwarzen Köpfen.

Den 13ten sahen einige Sclaven den unglücklichen alten Neger, der sich den 5ten Merz

den

den Hals abzuschneiden versucht hatte, (jetzt aber völlig hergestellt war,) mit einem Messer in den Wald gehen; man folgte ihm nach, und fand ihn bald todtgestochen daliegen. Einige Zeit nachher erfuhren wir von seinem Herrn, daß er schon seit geraumer Zeit beynahe jeden Monat einen ähnlichen Versuch gemacht hatte.

Der Oberste Fourgeoud begegnete mir jetzt mit ausgezeichneter Höflichkeit, und auf seine Bitte muste ich ihm verschiedne Zeichnungen verfertigen, die ihn und seine Soldaten, mit den Mühseligkeiten ihres Dienstes kämpfend, in den Wäldern vorstellten. Diese Zeichnungen, sagte er mir, sollten dem Prinzen von Oranien und den Staaten vorgelegt werden, um ihnen einen Begriff von den Beschwerden dieser Feldzüge beyzubringen.

Er ertheilte mir jetzt auch die Erlaubniß, auf vierzehn Tage nach der Stadt zu gehen, um von meinem Freunde Kennedy, vor seiner Abreise nach Europa, Abschied zu nehmen. Ich benutzte mit Freuden diese günstige Stimmung, und verließ Magdeburg gleich in der folgenden Stunde. Auch beschleunigte ich meine Reise so sehr, daß ich Paramaribo den 22sten erreichte, wo ich meine sämmtlichen Freunde und meine kleine Familie sehr wohl fand. Letztere in dem Hause des Herrn Delamare, nachdem sie vorher bey Herrn

Lol=

Volkens die gröſte Gaſtfreundſchaft und Güte erfahren hatte.

Dreyzehntes Kapitel.

Mein erſter Beſuch war bey Herrn Kennedy; von dieſem nahm ich Abſchied, und bezahlte ihm funfhundert Gulden für den ſchwarzen Knaben, empfing darüber ſeine Quittung und nunmehr war Quaco mein Eigenthum. Bald nachher bekam ich ein Fieber, welches jedoch nur wenige Tage anhielt, und als ich kurz darauf, am 1ſten May, ausging, um mich zu erhohlen, bemerkte ich am Ufer ein großes Gedränge von Menſchen, gerade vor dem Hauſe jener Madame S‒lk‒r, welche, wie ich oben erzählte, ein Negerkind erſäufte, deſſen Geſchrey ihr läſtig war. Ich folgte der Menge und erblickte bald ein ſchönes Mulattomädchen, die mit auf dem Rücken zuſammengebundenen Händen, mit gräslich abgeſchnittener Gurgel, und mit vielen Stichen in der Bruſt und im Leibe auf der Oberfläche des Waſſers ſchwamm. Dieſes unglückliche Geſchöpf war, wie man ſagte, ein Schlachtopfer der Eiferſucht jener Furie geworden, welche beſorgte, ihr Mann möchte das ſchöne Mädchen zu reizend finden. Man erzählte bey dieſer Gelegenheit verſchiedne noch ſchauderhaftere Beyſpiele von den Grauſamkeiten dieſes unmenſchlichen Wei=

Weibes, von denen ich nicht umhin kann, einige herzusetzen. Eines Tages, da sie auf ihr Guth gekommen war, um einige neuangekommene Sclaven zu besehen, fiel ihr unter diesen ein vorzüglich schönes Negermädchen, von etwa funfzehn Jahren, die noch kein einziges Wort von der hiesigen Landessprache verstand, in die Augen. Sogleich entbrannte ihre teuflische Eifersucht bey dem Anblick der schönen Gestalt, und der unschuldsvollen, einnehmenden Miene des armen Mädchens, und um allen Gefahren von dieser Seite vorzubauen, brandmarkte sie ihre Wangen, Mund und Stirne mit einem glühenden Eisen, und zerschnitt ihr denn die Sehnen an einem Bein, wodurch sie ein scheußliches, ungestaltes Wesen, und auf Zeitlebens ein hülfloses Geschöpf wurde, ohne nur einmal den Grund dieser unseligen Barbarey zu ahnden.

Einige Neger machten hierauf diesem Ungeheuer einige demüthige Vorstellungen über ihre täglichen Schandthaten, und flehten sie an, doch etwas gelinder mit ihnen umzugehen, worauf sie, wie man sagt, sogleich einem Quarteronkinde die Hirnschale zerschlug, und zwey jungen Negern dessen Verwandten, weil sie diese Greuelthat verhüten wollten, die Köpfe vor die Füße legen ließ; diese Köpfe wurden hierauf, nachdem sie das Guth verlassen hatte, in seidne Tücher gebunden, von den übriggebliebenen Verwandten

nach

nach Paramaribo getragen, und dem Gouverneur mit folgenden Worten zu Füßen gelegt:

Dies, Ihre Excellenz, ist der Kopf meines Sohnes, und dies der Kopf meines Bruders, die unsre Frau abschlagen ließ, weil sie ihren Mordthaten Einhalt thun wollten. Wir wissen, daß unser Zeugniß nichts gilt; aber lassen sie diese blutigen Köpfe für uns zeugen, und verhüten sie dergleichen schreckliche Handlungen für die Zukunft, und denn wollen wir dankbar unsern letzten Blutstropfen für die Erhaltung unsers Herrn, unsrer Frau, und der Colonie vergießen.

Auf diese rührende und demüthige Vorstellung erfolgte der Bescheid, daß sie alle insgesammt Lügner wären, und als solche durch die Straßen von Paramaribo gestäupt werden sollten, welches unmenschliche Urtheil sogleich nach der Strenge vollzogen ward.

Dies ist die Folge jenes abscheulichen Gesetzes, welches alle Zeugnisse der Neger verwirft. Wäre ein einziger Weisser zugegen gewesen, so hätte sein Zeugniß die Sache entschieden, aber selbst in dem Fall wäre diese Furie durch Erlegung einer Summe von funfzig Pfund Sterling von aller Strafe befreyt worden. Doch genug hievon, meine ganze Seele empört sich bey dem Andenken an alle diese Greuel.

Den 2ten May, wo ich völlig wieder hergestellt wär, nahm ich Abschied von meiner Johanna und ihrem Hänschen, so war er nach mir genannt worden, obgleich wir ihn noch nicht taufen lassen konnten, und trat meine Rückreise an, indeß diese beyden noch bey meinem Freunde de la Mare blieben.

Den 3ten und folgenden Tag ruhte ich zu Oranjebo aus, wo ich sehr herzlich vom Capitain Mayland aufgenommen wurde, mit dem ich mich ehedem am Wanabach geschlagen hatte, der mir aber jetzt äusserst gewogen war.

Den 5ten kam ich zu Magdeburg an, wo der Oberste Seyburg nebst seinen Officieren in ziemlich üblem Vernehmen mit dem Oberbefehlshaber lebten, und sich ganz abgesondert, als ein besondres Corps, hielten. Diese Leute waren alle äusserst roh, und begegneten sich unter einander mit der grösten Ungezogenheit, worunter wir andern auch zuweilen litten. Doch tröstete ich mich darüber mit der Gunst des Obersten Fourgeoud, die ich jetzt in ziemlich hohem Grade besaß, aber bald durch einen kleinen Vorfall ganz verscherzt hatte. Der Oberste hatte nemlich von den Indiern ein Paar wunderschöne Papageyen, von der Art, die man Cakadu nennt, gekauft, und diese sollten nächstens als ein Geschenk für Ihro Königliche Hoheit, die Prinzeßin von Oranien, abgeschickt werden. Da ich neugierig war, diese Vögel näher in Augenschein zu nehmen, beredete ich den Kammerdiener Lau-

rant,

rant, einen davon aus dem Bauer zu nehmen; kaum aber war die Thür geöfnet, als der Vogel einen lauten Schrey that und sogleich entwischte, indem er über den Tempatibach flog. Der arme Bediente stand wie versteinert, und konnte nichts hervorbringen, als nur die Worte: Voyez-vous! indeß ich die Flucht nahm, um dem kommenden Ungewitter zu entgehen; doch blieb ich nahe genug, um Fourgeouds Bewegungen durch das Gesträuche zu beobachten. Kaum hatte er auch den unglücklichen Zufall vernommen, so fing er an zu toben, fluchen und springen, als ein unsinniger Mensch; in der Wuth zertrat er eine arme Ente, die einem von unsern Officieren gehörte, und zuletzt ging er gar so weit, daß er seine eigne Perücke unter die Füße trat; mittlerweile stand ich zitternd in meinem Hinterhalt, indeß die übrigen Zuschauer überlaut lachten. Allmälig besänftigte sich jedoch sein Gemüth, und nun nahm er seine Zuflucht zur List, die wirklich dem Papagey wieder in seine Gewalt brachte. Er setzte den zurückgebliebenen Gefangenen oben auf den Käfigt, durch ein Band um das Bein wohl befestigt; hierauf stellte er das Bauer in die freye Luft, ließ das Thürchen offen, und legte eine reife Pisangfrucht hinein, so daß jeder Vogel, außer den Gefangenen, dazu konnte. So wie dieser hungrig wurde, fing er an zu schreyen, und ein so großes Lärm zu machen, daß er bald

sei-

seinen verlohrnen Gatten herbeylockte, welcher nach der Lockspeise im Käficht eilte, und sogleich zum zweytenmale gefangen ward. Nunmehr wagte ich mich aus meinem Schlupfwinkel, und ward nach einem gelinden Verweis begnadigt, der arme Laurant aber muste eine derbe Strafpredigt an hören.

Am Abend dieses unglücklichen Tages brachte mir ein Soldat einen sehr schönen Vogel, den er mit den Händen gegriffen hatte; das war der Anamu oder das surinamische Rebhuhn. Es war etwa von der Größe einer Ente und ausnehmend fett, der Leib ist gerade wie ein Ey gestaltet, ganz ohne Schwanz. Es hat einen langen Hals, einen kurzen, sehr spitzen, etwas gebogenen Schnabel, glänzend schwarze Augen, kurze rosenrothe Beine, und drey kleine Zehen auf jedem Fuß. Es läuft ausnehmend schnell, fliegt aber nur schlecht wegen seiner Schwere. Wir ließen es braten, und fanden es ganz vorzüglich delikat.

Den 17ten marschirte der Commandeur mit der einen Hälfte der Truppen nach Patamaca, und ließ mir das Commando über die Zurückgebliebenen, indem ich ihn wegen eines gefährlichen Schadens am Schienbein, den ich durch einen Stoß bekommen hatte, nicht begleiten konnte.

Es ist zwar nicht zu leugnen, daß Fourgeouds Versuche, die Rebellen zu einem förmlichen Treffen zu bringen, bisher immer fehlgeschlagen waren; dennoch muß man gestehen, daß er und seine Leute sich auf das äusserste anstrengten, und durch seine beständigen Streifzüge verhütete er gewiß die Verwüstung mancher Güter, wodurch den Einwohnern sehr wesentlich gedient wurde, obgleich mit einem großen Aufwand an Geld und Blut.

Da ich nunmehr die Aussicht hatte, eine Zeitlang hier zu bleiben, ließ ich es meine erste Sorge seyn, gehörig für Lebensmittel zu sorgen, und Quaco ward nach Paramaribo geschickt, um mir eine lebendige Ziege und Vorrath aller Art einzukaufen. Die beyden Neger, deren ich vorhin erwähnte, welche für den Commandeur jagen und fischen musten, brachten mir jetzt beynahe täglich zwey Pingos oder wilde Schweine, und auch einen oder mehrere Fische, von der Größe eines Kabeljau. Mit diesen Leckerbissen bewirthete ich alle meine Officiere ohne Ausnahme, und alle Pisangs, Bananas, Pomeranzen, Apfelsinen und Citronen, die ich von dem Guthe Jacob, und einigen andern Plantagen am obern Comawina zum Geschenk bekam, lieferte ich an das Hospital ab, und nie ist ein Vicegouverneur beliebter gewesen, als ich es war. Dabey schickte ich täglich Patrouillen nach allen Gegenden um Magdeburg aus; so daß wir keinen Angriff von den Rebellen zu besorgen hatten.

Diese

Diese Vorsicht war um so nöthiger, da die Rebellen ehedem verschiedene militairische Posten überfallen, und mit Sturm eingenommen hatten, um Munition und Feuergewehr in die Hände zu bekommen, die ihnen höchst nothwendig waren, und deren Verlust für die Colonie äußerst wichtig war. Einige Posten hatte man nicht allein rein ausgeplündert, sondern sogar die Mannschaft alle niedergemacht.

Ich war indessen sehr verdrießlich, daß der Schaden an meinem Bein mir nicht erlaubte, einen thätigern Antheil an den Kriegsoperationen zu nehmen, und um mir die Langeweile zu vertreiben, beschäftigte ich mich damit, alle Thiere, Pflanzen und Insekten, die mir vorkamen, abzuzeichnen, in der Hofnung, dereinst meine kleine Sammlung dem Publikum vor Augen zu legen.

Den 26sten kam Quaco von Paramaribo zurück, und brachte mir allerley Vorräthe, wie auch eine Ziege mit ihren Jungen, für die ich zwanzig Gulden bezahlen muste.

Ziegen sind überall in Guiana sehr häufig; es sind kleine, aber schöne Thiere, mit kleinen Hörnern, kurzem, glatten Haar, und mehrentheils bleyfarbicht. Man hält sie auf allen Plantagen, wo sie sich stark vermehren, und viel Milch geben; wenn man sie jung schlachtet, ist ihr Fleisch wohlschmeckend.

Mit eben dieser Gelegenheit erhielt ich auch die unangenehme Nachricht, daß meine Briefe nach Europa verloren gegangen waren, indem das Schiff, welches sie mitnahm, im Texel Schiffbruch gelitten hatte.

Den 28sten kam Fourgeoud von seiner Expedition nach Patamaca zurück, und seine Mannschaft war durch die Beschwerden und Mühseligkeiten des Marsches sehr erschöpft. Eine große Anzahl seiner Leute hatte er in dem Hospital zu Rochelle krank zurücklassen müssen. Von den Rebellen aber war ihm keine Spur vorgekommen, obgleich er seinen Marsch beständig nach verschiedenen Gegenden richtete. Es war daher ziemlich offenbar, daß sie verjagt waren, wenn sie gleich ehedem einen festen Wohnort in diesen Gegenden gehabt hatten. Wo sollte man sie aber nun in diesen ungeheuern, unwegsamen Wäldern aufsuchen? Unser Oberster verlohr indessen nie den Muth, und war jetzt eben so erpicht darauf, die Schlupfwinkel der Rebellen auszuspüren, als er ehedem gewesen seyn mochte, ein Volk Rebhühner aufzujagen, oder ein Dachsloch zu finden.

Wir beyde wären jetzt unzertrennliche Freunde, und ich muste alle Tage bey ihm speisen, bey dieser Gelegenheit gerieth er auf den Einfall, daß ich ihn in seinem Campagneaufzuge in Lebens-

länge

länge abkonterfeyen möchte. Die Zeichnung aber sollte auf Kosten der Stadt Amsterdam in Kupfer gestochen werden, und er glaubte dort wenigstens eben so wichtig und berühmt zu seyn, als der Herzog von Cumberland in England nach der Schlacht bey Culloden.

Ich legte also einen großen Bogen Papier zurecht, versahe mich mit Tusch und Reisfeder, und setzte mich in Bereitschaft, die Züge dieses finstern Despoten zu entwerfen, indeß ich innerlich über unser komisches Verhältniß lachte, als plötzlich ein heftiger Donnerschlag den ganzen Berg erschütterte, und der Blitzstrahl dem Obersten so nahe vorbey fuhr, daß er ihm buchstäblich die Stirne versengte, und wenig fehlte, daß der ganze Plan seiner Verewigung in einem Augenblick gescheitert wäre. Nach einem kleinen Zwischenraum ward jedoch die Ruhe in den Gesichtsmuskeln des Helden wieder hergestellt, und in kurzer Zeit war die Zeichnung zu seiner großen Zufriedenheit zu Stande gebracht.

Um diese Zeit starb der gefangne Rebelle September an der Wassersucht. Dieser arme Mensch hatte Fourgeoud auf allen seinen Zügen begleiten müssen, weil dieser immer noch hofte, er würde ihm die Zufluchtsörter seiner Cameraden entdecken, welches aber nie geschahe. Die Neger

ger hatten ihn aber im Verdacht, er habe seine Freunde verrathen, und schrieben sein trauriges Ende den Strafgerichten Gottes zu, weil er seinen Landsleuten den Eid der Treue gebrochen hatte; indem sie fest glauben, daß jeder, der einen Eid bricht, elend in dieser Welt stirbt, und ewig in jener bestraft wird.

Der Posten Esperance in Comawina war jetzt, aus Mangel an Reinlichkeit, und durch die häufigen Ueberschwemmungen, (indem die neuangekommenen dort postirten Truppen die erforderliche Vorsorge ganz verabsäumten) so erstaunend ungesund geworden, daß der dort commandirende Officier, und der größte Theil seiner Mannschaft zum Dienst ganz untauglich, und viele allmählig begraben wurden. Der Oberste Fourgeoud befahl daher den Capitain Brant, mit einem frischen Detaschement das Commando dort zu übernehmen, und die Invaliden, die er ablösen sollte, nicht nach Paramaribo, sondern nach Magdeburg zu schicken. Alle diese Aufträge ertheilte der alte Wütherich auf eine so brutale Weise, und bestand so sehr auf schleunige Abreise, daß der arme Brant nicht einmal seine Kleider einpacken konnte, zumal da ihm der Oberste Seyburg seinen einzigen Bedienten weggenommen, und für seinen eignen Dienst behalten hatte. Diese Behandlung kränkte den ar-

men

men Mann so sehr, daß er in bittre Thränen ausbrach, und versicherte, er wünschte dergleichen Kränkungen nicht zu überleben, worauf er mit wunden Herzen nach Esperance abreiste.

Bey seiner Ankunft dort fand er den Officier, den er ablösen sollte, schon todt. Dieser arme Mann war sehr corpulent gewesen, und der Dienst in den Wäldern hatte ihn sehr angegriffen, so daß seine Fleischmasse schnell zusammen fiel, bis ein Faulfieber dazu kam, und seinen Leben ein Ende machte. Dem Capitain Brant folgte bald der Oberste Seyburg, der nach Esperance abging, um dort den Zustand der Kranken zu untersuchen.

Einige Officiere, die sich im Lager Schweine und Federvieh hielten, verlohren sie jetzt größtentheils in einem Zeitraum von zwey Tagen, weil sie von irgend einem giftigen Unkraut gefressen hatten. Ein Beweis, daß die allgemein angenommene Meynung, der Instinkt der Thiere lehre sie alle schädliche Nahrungsmittel vermeiden, irrig sey.

Auch wurden in jeder Nacht eine beträchtliche Anzahl die Beute irgend eines unbekannten Räubers. Um diesen kennen zu lernen, ließ einer unsrer Capitains eine Falle aus einem leeren Wein-

Weinkaften machen. In diesen Kasten wurden ein Paar lebendige Hühner gesteckt, und dabey Neger zur Wache beordert. Diese waren kaum einige Stunden auf ihrem Posten, als die Hühner durch ihr Geschrey die Ankunft des Feindes verriethen; sogleich zog der eine Neger den Strick an, und der andre eilte herbey und setzte sich auf den Kasten, um den Räuber einzusperren, der mit Heftigkeit herumtobte; man befestigte hierauf den Kasten mit Stricken, schleppte ihn an das Wasser, und hielt ihn so lange unter demselben, bis der Gefangne todt war, da man bey Eröffnung der Falle mit großem Erstaunen einen jungen Tieger entdeckte.

Der Graf von Büffon behauptet, daß es in Amerika keine Tieger gebe, sondern nur ihnen sehr ähnliche Thiere, denen man fälschlich diesen Namen beylegt. Ich werde dieses nicht zu widerlegen suchen, sondern blos diese Thiere, so wie ich sie gesehen habe, beschreiben, und dem sachkundigen Leser die Entscheidung überlassen, ob es Tieger sind oder nicht.

Den grösten dieser Gattung nennt man den Jaguar von Guiana. Er ist als ein verächtliches kleines Thier, von der Größe eines Windhundes, vorgestellt worden. Ich weiß aber, daß er sehr stark, wild und furchtbar ist, und daß einige

nige, von der Spitze der Nase bis an den Anfang des Schwanzes gerechnet, eine Länge von sechs Fuß haben. Seine Farbe ist ein fahles Gelb und auf dem Bauch ist er weis. Auf dem Rücken hat er länglichte, schwarze Flecken oder Streifen, auf den Seiten irregulaire Ringe, die in der Mitte hellfarbicht sind, und auf dem ganzen übrigen Leib und auf dem Schwanz sind die Flecken kleiner und vollkommen schwarz. An Gestalt gleicht er vollkommen dem afrikanischen Tieger. Seine Stärke ist so groß, daß er Schaafe, Ziegen und Schweine mit eben der Leichtigkeit würgt, als eine Katze die Maus; er wagt sich sogar an Pferde und Kühe, und obgleich er diese nicht wegbringen kann, so zerreißt und zerfleischt er sie doch auf eine fürchterliche Weise, um ihr Blut auszusaugen, wonach er vorzüglich lüstern ist; man hat sogar Beyspiele, daß er junge Negerweiber von der Arbeit in die Wälder geschleppt hat, und weit häufiger ihre Kinder. Diesem furchtbaren Geschöpf ist hier kein andres Thier gewachsen, die Abomaschlange allein ausgenommen, die, sobald sie ihn überfallen kann, ihn umschlingt und in wenigen Minuten ganz zermalmt.

Eine zweyte Gattung ist der Cuguar oder rothe Tieger. Dieser ist beträchtlich kleiner, aber eben so wild und furchtbar, als der erstere.

Die

Die Tiegerkatze gehört ebenfalls zu diesem Geschlecht. Sie ist nicht viel größer als eine gemeine Katze, und hat ein wunderschönes Fell; schwarze Ringel, mit einem weissen Fleck, inwendig auf gelbem Grunde. Ihre Augen sind vorzüglich glänzend, und schießen Strahlen, wie Blitze; dabey ist das Thier äußerst lebhaft, wild und gefährlich.

Den 14ten Junius erhielt unser Commandeur die Nachricht, man habe am Ufer des Meeres einige Hütten der Negerrebellen entdeckt. Capitain Mayland war sogleich mit hundert und vierzig Mann von den Societätstruppen hinmarschirt, aber mit Verlust von einigen Todten und Verwundeten zurückgeschlagen worden. Unser Oberste gab nunmehr sogleich Befehl, daß alle Truppen, die zum Dienste fähig wären, sich in Bereitschaft halten sollten, die Seesoldaten, die Societätstruppen, und meine Lieblinge, die schwarzen Jäger, die man mit Gewalt zurückhalten muste, bis alles marschfertig war. Diesem Befehle zufolge war im Lager alles in Thätigkeit, und man erwartete mit Ungeduld den Augenblick des Abmarsches; diesen aber verzögerte Fourgeoud auf eine unerklärliche Weise beynahe zwey Monate lang bis zum 20sten August.

Mittlerweile kam die widrige Nachricht an, daß Capitain Brant zu Esperance sehr gefährlich krank

krank läge, und die ganze Gegend durch die vielen Ueberschwemmungen zu einem wahren Pesthause geworden wäre. Diesen Posten bestimmte Fourgeoud jetzt mir, und zwar zum Beweise seiner Gunst, indem er erklärte, ich verdankte meiner guten Leibesbeschaffenheit diese ausgezeichnete Ehre. Ich sahe nunmehr, wie man auf seine Freundschaft bauen konnte, und fühlte den alten Groll in meinem Herzen wieder aufwachen, daß er mich zu einem unrühmlichen Tode verurtheilte, da er eine so gute Gelegenheit hatte, mich ehrenvoll im Dienst zu gebrauchen.

Bey meiner Ankunft zu Esperance sollte ich den Capitain Brant nach Magdeburg abschicken, er hatte aber diesen grausamen Befehl bereits vereitelt, indem er einige Stunden vorher nach Paramaribo abgereist war, wo er gleich nach seiner Ankunft in seinem Logis an einem hitzigen Fieber und vor Gram starb. Er wurde allgemein bedauert, und Fourgeoud verlohr an ihm einen braven Officier, und ich einen redlichen Freund.

Da dies in kurzer Zeit der zweyte Commandeur war, der hier sein Leben einbüßte, erwartete ich ganz gefaßt ein ähnliches Schicksal, und nahm indeß zu meinem Wahlspruch:
Hodie tibi cras mihi.

Zum Glück hatte ich mich geirrt, ich war und blieb gesund, indem ich treulich den Rath des alten Negers befolgte, und täglich zweymal im Flusse badete, und Schuhe, und Strümpfe als eine lästige Beschwerde wegwarf.

Den 20sten Junius, wenige Tage nach meiner Ankunft, hatte ich die Ehre eines Besuchs, von seiner Excellenz dem Gouverneur Nepveu, den ich über den Verlust seiner Gemahlin, die kürzlich gestorben war, condolirte. Außerdem hatte ich täglich Besuche von einigen Pflanzern, die mir Erfrischungen von ihren Plantagen zuschickten. Während dieser Zeit hatte ich eine sehr gute Gelegenheit, die Lebensart und Sitten dieser westindischen Nabobs kennen zu lernen, von denen ich hier eine kleine Skizze liefere.

Ein surinamischer Pflanzer verläßt mit Sonnenaufgang oder um sechs Uhr Morgens sein Lager, wenn er sich auf seinem Guthe aufhält, welches doch nur selten geschieht, indem sie mehrentheils den Gesellschaften in Paramaribo den Vorzug geben. Alsdann erscheint er unter dem Piazza oder bedeckten Gange seines Hauses, wo der Caffee schon seiner wartet, und raucht dabey gemächlich sein Pfeifchen. Ein halbes Dutzend der schönsten jungen Sclaven beyderley Geschlechts stehen bereit, ihm bey dem Frühstück aufzuwarten;

ten; hieher kommt auch der Oberaufseher der Plantage, um seine Aufwartung zu machen, und nachdem er sich schon in der Ferne durch mehrere kriechende Verbeugungen angekündigt hat, stattet er seinen Bericht ab, wie viel Arbeiten am vorigen Tage verrichtet wurden; welche Neger gestorben, weggelaufen, krank geworden, genasen, gekauft oder gebohren wurden; vor allem aber, welche ihre Arbeit versäumten, Krankheit vorgaben, betrunken oder abwesend waren. Die Beklagten sind gewöhnlich in der Verwahrung der Negertreibers schon zugegen, und werden sogleich ohne weitere Untersuchung an die Balken des Piazza oder an einen Baum gebunden, und nun geht die Geisselung an, der Reihe nach, Männer, Weiber und Kinder, ohne Ausnahme. Die Strafwerkzeuge, deren man sich bey diesen Gelegenheiten bedient, sind lange hänfene Peitschen, die sich recht rund um den Leib legen, und bey jedem Streiche wie Pistolenschüsse knallen. Während der Execution rufen die armen Schlachtopfer einmal um das andre Dank Massera, schönen Dank Herr, indeß er sorglos mit dem Oberaufseher auf- und abspaziert, und sich stellt, als ob er nicht einmal ihr Geschrey hörte. Sobald sie hinlänglich zerfleischt sind, werden sie losgebunden, und ohne Verband oder sonst etwas an die Arbeit getrieben.

Sobald

Sobald dieses Geschäft abgethan ist, erscheint der Bresly Negro (der schwarze Chirurgus) und stattet seinen Bericht ab. Dieser wird mit einem tüchtigen Fluch entlassen, weil er den Negern krank zu seyn gestattet. Alsdann erscheint eine alte Matrone mit allen Kindern der Plantage, deren Aufseherin sie ist. Diese erscheinen rein gewaschen im Flusse, schlagen in die Hände, und stimmen ein lautes Huzzah an, worauf sie entlassen werden, um ihr Frühstück von Reis und Pisang zu sich zu nehmen, und nun endigt sich die ganze Scene mit einem tiefen Bückling des Oberaufsehers, wie sie sich anfing.

Ihro Gnaden schlendern nun in ihrem Morgennegligee ins Freye. Dieser Anzug besteht in einem Paar langen Beinkleidern, von der feinsten holländischen Leinewand, Pantoffeln von rothen oder gelben Saffian; einem Hemde vorn offen, und darüber einen weiten Schlafrock, von dem feinsten ostindischen Zitz; auf dem Kopf trägt er eine baumwollene Nachtmütze, vom feinsten Gewebe, und darüber einen ungeheuren Castorhut, der sein mageres, mahagonyfarbnes Gesicht gegen die Sonne schützt; sein ganzer übriger Körper ist eben so mager und abgezehrt, eine Folge des Climas und der Ausschweifungen.

Nachdem er nun mit seiner Pfeife im Munde ein Paar Stunden auf seinem Guthe zu Fuße
oder

zu Pferde herumgeschlendert, und seine Vorräthe in Augenschein genommen hat, kehrt er um acht Uhr zurück, um sich anzukleiden, wenn er ausgeht, sonst bleibt er wie er ist. Im erstern Fall vertauscht er seine langen Beinkleider gegen andre gewöhnliche von dünnen Leinen oder Seidenzeug, denn läßt er sich von einem Negerknaben Schuhe und Strümpfe anziehen, indeß ein andrer ihn frisirt oder rasirt, und ein dritter mit einem Fächer die Fliegen abwehrt. Denn zieht er reine Wäsche an, einen leichten weissen Rock und Weste, und geht, in Begleitung eines Negerknaben, der seinen Sonnenschirm ihm über den Kopf hält, nach seiner Gondel, die schon mit acht bis zehn Ruderern für ihn bereit liegt, und mit Früchten, Wein, Wasser und Tabak von dem Oberaufseher wohl versehen ist, der, sobald sein Herr den Rücken gewandt hat, wieder mit aller Unverschämtheit eines kleinen Dieners den Tyrannen spielt. Sollte es diesem kleinen Fürsten aber nicht belieben auszugehen, so wird um zehn Uhr in dem großen Vorsaal ein Tisch gedeckt, und mit westphälischem Schinken, geräuchertem Rindfleisch, Hühnern, grillirten Tauben, gerösteten Cassavawurzeln, Brod, Butter und Käse reichlich besetzt, wobey starkes Bier, Madeira, Rhein = und Moselwein getrunken wird; indeß der kriechende Oberaufseher am äußersten Ende des Tisches sitzt, und seine ehrerbietige Ent-
fer-

fernung nie vergißt, und die schönsten Sclaven
aufwarten. Diese Mahlzeit wird ein bloßes Frühstück genannt.

Alsdenn nimmt der Pflanzer ein Buch zur
Hand, oder vertreibt sich die Zeit mit Schach-
spielen, Billiard oder Musik, bis die Mittagshitze
ihn in seine baumwollene Hangmatte treibt, um
seine Siesta oder Mittagsruhe zu genießen, die
er eben so wenig als ein Spanier entbehren kann.
Hier schaukelt er sich ohne Decke oder Unterbett
hin und her, bis er einschläft, wobey zwey Sclaven ihm Kühlung zufächeln. Gegen drey Uhr
erwacht er, wäscht und parfümirt sich, und setzt
sich dann zum Mittagsessen hin, wo ihm sein Vicegouverneur, wie bey dem Frühstück, Gesellschaft leistet, und wo alle Leckereyen der alten
und neuen Welt seinen Tisch bedecken; eine Scha-
le starken Caffee und ein Liqueur beschließt die
Mahlzeit. Um sechs Uhr erscheint der Oberaufseher wiederum, wie des Morgens, mit einem
Gefolge von Negertreibern und Gefangenen;
diese werden wieder ausgepeitscht, die Befehle
für den folgenden Tag gegeben, und die Gesellschaft entlassen, worauf der Abend mit schwa-
chem Punsch, Sangerie, Karten und Tabak hin-
gebracht wird. Gegen eilf Uhr stellt sich die Müdigkeit ein, Ihre Gnaden fangen an zu jähnen,
lassen sich von Ihren Sclaven ausziehen, und
brin-

bringen die Nacht in den Armen einer ihrer schwarzen Sultaninnen zu, von denen sie gemeiniglich ein ganzes Serail unterhalten, und am folgenden Tage fängt der nemliche Kreislauf von Wohlleben und Müßigang wieder an, in welchem diese verächtlichen, kleinen Despoten ihr Leben hinbringen.

Eine so uneingeschränkte Gewalt muß nothwendig einen großen Reitz für einen Menschen haben, der in Europa wahrscheinlich ein bloßes Nichts war.

Daß dergleichen aber hier zu den Besitz von Plantagen gelangen, ist eben nichts seltnes, da diese mehrentheils auf Credit verkauft, und von den abwesenden Eigenthümern der Willkühr der Administratoren überlassen werden, die sie um den wohlfeilsten Preis hingeben, und sich dabey mit den Käufern verstehen.

Diese Gattung von Pflanzer sind das Verderben der Colonie. Sie leben, wie ich vorhin beschrieben habe, bezahlen keinen Menschen, unter dem Vorwand schlechter Erndten, großen Sterben unter den Negern, u. d. gl. und opfern dabey die Hälfte der Sclaven durch übermäßige Arbeit auf, plündern das Guth von allen Producten, die sie heimlich für baares Geld verkaufen, auf diese Weise ein Capital zusammen bringen und dann davon laufen. Doch giebt es auch viele

viele Ausnahmen, und ich habe viele sehr rechtschaffene Pflanzer gekannt.

Ehe ich diesen Gegenstand verlasse, muß ich doch noch anmerken, daß die Gastfreyheit in keinem Lande mit mehr Herzlichkeit und weniger Zwange ausgeübt wird, als hier. Ein Fremder ist hier überall zu Hause, und findet sein Bett und seinen Tisch auf jedem Guth, wohin ihn Zufall oder Nothwendigkeit führen. Dies ist ein desto angenehmerer Umstand, da es in der Nähe der surinamischen Flüsse durchaus keine Gasthöfe giebt.

Der Aufenthalt zu Esperance war jetzt sehr traurig, und ich erinnerte mich jetzt häufig meines ehemaligen Hüttchens und meiner süßen Gesellschafterin, von denen ersteres verfallen und letztere in Paramaribo war. Hier sahe man jetzt keinen Menschen, der nicht an einem kalten Fieber oder irgend einem andern Uebel laborirte. Die Ruhr fing auch an sich einzustellen, und um unsre Leiden zu vermehren, hatten wir weder Chirurgus, Arzneymittel noch Licht, und sogar wenig Brodt. Der traurige Zustand der armen Leute dauerte mich, und ich gab ihnen wiederum meinen Vorrath von Zwieback, Zitronen, Apfelsinen, Zucker, Wein, Enten und Hühner preiß, wie auch meine wenigen Spermacetilichter.

Den

Den 23ſten ſchickte ich zwey kranke Officiere und alle Gemeine, welche transportirt werden konnten, nach Magdeburg, mit der demüthigen Bitte, ſobald als möglich, von dieſem traurigen Poſten abgelöſt zu werden, und mit gegen die Rebellen marſchiren zu dürfen. Mein Anſuchen hatte keinen Erfolg, obgleich man einen andern Schlupfwinkel der Neger dicht bey Paramaribo entdeckt hatte; alles blieb wie es war, und die Leute ſtarben hier wie die Fliegen.

Den 26ſten vermißten wir einen unſrer See=soldaten, der nur am 29ſten gefunden wurde, wo man ihn mit einem Nebi oder mit einer Schlingpflanze an einem Baumaſt hängend ent=deckte. Keiner ſeiner Cameraden wollte ihn an=rühren, und alle behaupteten, dieſes zu thun würde ſie ſo unehrlich, als ihn machen, der ſich ſelbſt gehenkt hatte. Es waren ſämmtlich Deut=ſche, bey denen dieſes Vorurtheil herrſchend iſt. Ich ließ ihn daher durch die Neger abnehmen und begraben.

Endlich kam ein Befehl zu meiner Befreyung, und ich reiſete ſogleich in Geſellſchaft des Capi=tains Bolts nach dem Guthe Accord ab, wo uns der Guthsbeſitzer mit ſeiner Gemahlin ſehr gaſt=freundſchaftlich aufnahm. Dieſe Zuckerplantage iſt die letzte am Rio Comawina, und daher den

Angriffen der Negerrebellen vorzüglich ausgesetzt. Damit nun die Sclaven nicht geneigt seyn mögen, ihre Herrschaft zu verlassen oder gefährliche Anschläge gegen sie zu schmieden, begegnet man ihnen auf dieser Plantage mit besonderer Güte und Nachsicht.

Bey Tische fiel es uns als etwas ganz ungesehenes auf, daß die jungen Negermädchen splitternackend, wie sie aus Mutterleibe gekommen waren, aufwarteten. Diese ungewöhnliche Erscheinung befremdete mich so sehr, daß ich die Dame des Hauses um die Veranlassung derselben befragte, und ganz seltsamlich benachrichtigt wurde, daß die Negermütter und Matronen es für gut befunden hätten, um allen zu frühen Umgang mit dem andern Geschlecht zu verhüten, (der auf diese Art leicht zu entdecken sey) damit sie nicht durch frühzeitige Schwangerschaften ihre Gestalt verdürben, den Körper schwächten, und die Zeit ihres Wachsthums verkürzten. Auch muß ich gestehen, daß ich nie schönere Figuren beyderley Geschlechts, als auf diesem Guthe, zu dem auch Philander gehörte, gesehen habe, die sich sämmtlich durch Stärke, Gewandheit und Anstand auszeichneten.

Am folgenden Tage reisten wir eine Stunde vor Sonnenuntergang, in einer kleinen Barke

mit

mit einer bloßen ausgespannten Leinwand bedeckt ab, und zwar sehr gegen den Rath unsrer gütigen Wirthe. Wir hatten auch kaum ein Paar Stunden gerudert, als die Nacht einbrach, und mit ihr ein so fürchterlicher Platzregen, daß wir beynahe zu Grunde giengen, indem der Rand des Fahrzeuges kaum noch zwey Finger breit über dem Wasser war. Mit Hülfe unsrer Callibaschen und Hüte erhielten wir das Boot doch noch schwimmend, indeß ein Neger am Vordertheil einen Bootshaken ausgestreckt vor sich hielt, damit wir in handgreiflicher Finsterniß nicht etwa gegen die Wurzeln von Mangelbäumen, mit denen hier die Ufer dicht besetzt waren, schiffen und umgeworfen werden möchten.

Endlich erreichten wir den Ort Jacob genannt, da wir nur eben noch über dem Wasser waren, und kaum waren Herr Bolts und ich an Land gesprungen, als der Kahn mit allem was darin war, zu Grunde gieng, und die Negersclaven sich durch schwimmen retten musten. Unter den Sachen am Bord fand sich zum Unglück eine Kiste mit meinem Journal und allen meinen Zeichnungen, den Früchten meiner zweyjährigen Arbeit. Ich war über diesen Verlust schmerzlich betrübt; ein muthiger Neger aber tauchte verschiedenemale unter, und brachte endlich glücklich meinen kleinen Schatz an Land, in dessen Besitz ich

ich, ungeachtet seines durchnäßten Zustandes, sehr glücklich war. So endigte sich unser Schiffbruch, und nachdem wir etwas warmen Brandwein und Wasser getrunken hatten, befestigten wir unsre Hangmatten in der Nähe eines guten Feuers, und begaben uns zur Ruhe, doch nicht ehe ich meine Papiere sorgfältig getrocknet hatte.

Am folgenden Morgen reisten wir wieder ab, wurden aber auf der Hälfte des Weges durch einen umgehauenen Baum aufgehalten, der quer über den Bach gestürzt war, so daß wir mit dem Boot gar nicht darunter wegkonnten. Wir kehrten also nach Jacob zurück, und machten den übrigen Theil unsres Weges nach Magdeburg, zu Fuß. Hier trafen wir endlich durchnäßt und ermüdet ein, und unsre Kleider und Fleisch von Dornen und Stacheln ganz zerrissen und mit Blut bedeckt.

Hier erfuhren wir sogleich, daß einer von den Officieren, die ich von Esperance hergeschickt hatte, schon gestorben war. So gieng einer nach dem andern hin, und von den Gemeinen war kein einziger mehr gesund; welches höchst wahrscheinlich eine Folge der brennenden Hitze im Monat Junius war, nachdem die Leute zuvor beständig in feuchten sumpfichten Gegenden marschirt waren und sogar geschlafen hatten, die

schwe=

ſchweren Regengüſſe in der naſſen Jahreszeit zu ver nicht geſſen.

Was mich anbetrift, ſo erhielt mich die Vortreflichkeit meiner Conſtitution und mein fröhlichen Muth noch immer geſund, und ich beſchloß, dieſen letztern, ſo lange als möglich, zu behalten, indem ich beſtändig lachte, ſang und pfiff, indeß alle um mich herum ſeufzten, wehklagten und kümmerlich ſtarben.

www.ingramcontent.com/pod-product-compliance
Lightning Source LLC
Chambersburg PA
CBHW031339230426
43670CB00006B/388